国际中文教育课程思政研究丛书

本书受北京市重点建设一流专业（来华留学生汉语言专业）项目资助

国际中文本科教育课程思政研究

主　编　张　浩

北京理工大学出版社

BEIJING INSTITUTE OF TECHNOLOGY PRESS

图书在版编目（ＣＩＰ）数据

国际中文本科教育课程思政研究／张浩主编. －－北京：北京理工大学出版社，2023.1

ISBN 978-7-5763-2053-4

Ⅰ.①国…　Ⅱ.①张…　Ⅲ.①高等学校-思想政治教育-研究-中国　Ⅳ.①G641

中国国家版本馆 CIP 数据核字（2023）第 008651 号

出版发行 ／ 北京理工大学出版社有限责任公司			
社　　址 ／ 北京市海淀区中关村南大街 5 号			
邮　　编 ／ 100081			
电　　话 ／ （010）68914775（总编室）			
（010）82562903（教材售后服务热线）			
（010）68944723（其他图书服务热线）			
网　　址 ／ http：//www.bitpress.com.cn			
经　　销 ／ 全国各地新华书店			
印　　刷 ／ 三河市华骏印务包装有限公司			
开　　本 ／ 787 毫米×1092 毫米　1/16			
印　　张 ／ 10.5	责任编辑 ／ 徐艳君		
字　　数 ／ 216 千字	文案编辑 ／ 徐艳君		
版　　次 ／ 2023 年 1 月第 1 版　2023 年 1 月第 1 次印刷	责任校对 ／ 周瑞红		
定　　价 ／ 69.00 元	责任印制 ／ 施胜娟		

前　　言

　　为了全面贯彻党的教育方针，落实立德树人根本任务，全国高校大力开展课程思政建设，取得了丰硕成果。来华留学生教育是我国高等院校人才培养的重要组成部分，推进课程思政建设，实施课程思政教学改革，同样是来华留学生教育工作的一项重要内容。由于文化习俗、法律制度、宗教信仰等方面的差异，面向来华留学生的课程思政教育有其特殊性，面临不少困难和挑战。目前，全国各高校对来华留学生课程思政工作高度重视，进行了大量卓有成效的探索和实践。

　　北京语言大学汉语学院主要承担来华留学生的汉语言专业和国际中文教育专业的本科学历教育，是中华人民共和国最早从事来华留学生汉语专业学历教育的教学机构，累计为世界170多个国家和地区培养了7000余名汉语人才，现有在校本科留学生近千名。学院拥有一支数量大、素质高，专门从事汉语言专业、国际中文教育专业本科学历教育和国际中文教育专业研究生教育的教学团队，曾经荣获"北京市优秀教学团队""国家级优秀教学团队"称号。团队教师专业背景完整、教学经验丰富、科研能力强，专职从事汉语教学工作。在长期的国际中文教育教学实践中，学院一向高度重视面向留学生的课程思政建设，立足于学院学科优势和特色，坚持以学生为中心。以培养知华、友华、爱华，具有国际视野和跨文化交际能力的国际汉语人才为目标，以课程思政建设推动专业建设和课程建设，紧抓教师队伍"主力军"、课程建设"主战场"、课堂教学"主渠道"。根据2020年教育部印发的《高等学校课程思政建设指导纲要》，针对不同专业、不同课程的特点和课程教学内容，积极组织开展课程教学大纲修订工作，明确课程思政培养目标，深入挖掘课程思政资源，优化教学内容，选择合适的教学方法，将思政元素融入专业知识课程体系，构建全员、全程、全课程的育人格局，充分发挥课堂教学育人主渠道的作用，讲好中国故事，传播好中国声音，实现知识教育、能力培养与价值引领的有机结合。经过长期不懈的探索和实践，汉语学院师生对课程思政的认识不断提升，实践逐步深入，研究持续深化，陆续打造出了一批课程思政精品示范课和课程思政教学名师。

　　本套丛书包括《国际中文本科教育课程思政指南》《国际中文本科教育课程思政案例》及《国际中文本科教育课程思政研究》。

　　《国际中文本科教育课程思政指南》阐述了国际中文教育专业课程思政的教学理念与教学原则、课程思政的八个维度及其诠释、教学评价原则与标准，收录了留学生国际中文教育专业20门课程的思政课程指南，包括11门专业类课程和9门文化类课程。根据国际中文教育专业的特色优势和育人目标，结合多年教学实践和积累，思政指南从课程任务和教学目标、课程基本内容及要求、课程思政教学设计等方面，为课程思政真正落实于教学提供了可资借鉴的参考。

《国际中文本科教育课程思政案例》收录了留学生国际中文教育专业 25 篇课程思政案例，涵盖了初、中、高不同层次的各类课程。这些案例结合课程特点，确立课程的思政教学目标，深度挖掘提炼课程中所蕴含的思政元素，将教学目标、情感目标、价值目标结合起来，使思想价值引领贯穿于教学过程的各个环节，具有较强的系统性和可操作性。

《国际中文本科教育课程思政研究》收录了留学生国际中文教育课程思政研究论文 21 篇，有对课程思政的理论研究，也有对教学实践的探索，以及教学设计分析，对于课程思政的教学理念、教学原则、路径方法等方面进行了深入探讨，对课程思政教学实践和教学设计的做法进行了总结分析，为推进课程思政建设提供了重要的理论基础和实践经验。

本套丛书是北京语言大学汉语学院师生们几年来在国际中文教育专业教学中的有益探索，是留学生思政课程建设的阶段成果，是在国际中文教育专业课程思政建设征程上迈出的第一步，希望可以为其他高校的留学生国际中文教育专业课程思政建设工作提供参考和借鉴。

本套丛书受北京市重点建设一流专业（来华留学生汉语言专业）项目资助，是该项目的基础研究成果之一。由于编写时间仓促，书中难免有不够严谨之处，敬请广大读者批评指正，我们将在今后的教学与研究中不断加以完善，也期待抛砖引玉，同国际中文教学的各位专家学者一道继续探究来华留学生课程思政教学规律，全面推进体系化、规范化建设，将来华留学生课程思政教学引向深入。

张　浩

2022 年 9 月

目　录

课程思政教学理念研究

课程思政教学模式研究

课程思政设计研究

课程思政教学
理念研究

后疫情时代来华留学生课程思政教学研究

张　浩①

（北京语言大学汉语学院）

摘　要　针对来华留学生的课程思政教学是落实党中央深化教育对外开放、服务国家外交发展大局的必然选择，也是落实立德树人、培养高水平知华友华国际汉语人才的重要举措。来华留学生教育虽有其特殊性，但依旧可以结合课程特点，融入思政教育元素，帮助留学生感知中国、理解中国。本文从来华留学生课程思政的教学原则、教学内容以及教学策略三个层面入手，探讨留学生课程思政的新路径，以期为后疫情时代来华留学生课程思政教育提供有意义的借鉴。

关键词　留学生教育；课程思政；教学研究。

引　言

2016 年，习近平总书记在全国高校思想政治工作会议上强调，"把思想政治工作贯穿教育教学全过程，实现全程育人、全方位育人，开创我国高等教育事业发展新局面"。"课程思政"理念被提出，围绕"培养什么人，如何培养人，为谁培养人"这一根本问题，以立德树人为中心环节，将思想政治工作贯穿于教育教学全过程。目前，课程思政在国内高校学生教育和培养方面已经取得了丰硕成果。来华留学生的汉语课程思政在来华留学生教育中具有重要作用，贯穿于课堂授课、教学设计等各个方面。鉴于来华留学生的汉语课程思政具有其独特性，本文从来华留学生课程思政的教学原则、教学内容以及教学策略三个层面入手，探讨留学生课程思政的新路径，以期为后疫情时代来华留学生课程思政教育提供有意义的借鉴。

一、来华留学生课程思政的教学理念与教学原则

党中央对教育工作和思想政治工作高度重视，要求高校坚持以习近平新时代中国特色

---

① 本文系北京语言大学校级教改项目"国际学生课程思政大纲和课程标准研发"的成果之一，项目编号为 GJ-KC-SZ2022001。

社会主义思想为指导，从深化教育对外开放、服务国家外交发展大局的角度出发，对实施来华留学生课程思政教育提高政治站位。来华留学生培养是我国高等院校人才培养的重要组成部分，在来华留学生教育中实施课程思政教学改革，提高人才培养质量，是当前来华留学生教育工作的重点。由于来华留学生文化背景不同，以往在对来华留学生的教学中，较为注重语言知识的传授和专业技能的培养，对于思政方面的关注和研究较少。在留学生培养中，如何通过专业教学以润物细无声的方式实现价值观念的传递，使专业技能培养目标和思政育人有机结合，实现专业能力培养与认知能力提升协同并进，是高校留学生课程思政教育研究的一个重要课题。

国际中文教育专业经过了几十年的探索和实践，形成了较为成熟和完善的教学体系、教学内容和教学方法，培养出大量高素质国际化人才。新的历史时期对国际中文教育专业提出了新的要求，在留学生国际中文教育专业教学中实施课程思政，既是适应新时代国家战略和教育发展的新形势和新要求，也是实现专业培养目标的必由之路，是更新教育理念、推进教育教学改革的新路径。与中国学生相比，由于来华留学生来自世界各地，他们的价值观、世界观、人生观受自身教育背景、成长环境和国家制度等的影响，更具复杂性，除了专业知识教育，让他们全方位了解中国、认识中国，并认同中国文化也是来华留学生教育的核心目标。在国际中文教育专业教学中，一方面通过课程学习和技能训练让留学生获得扎实丰富的专业知识以及语言交际等能力；另一方面还要让留学生了解并理解中国的传统文化，以及现当代中国国情和发展状况，用潜移默化的方式对留学生的意志品质、心理健康等方面产生积极、正面、有效的引导和促进作用。

课程思政是一种综合教育理念，在以立德树人作为教育根本任务的前提下，要求在各类课程中有目的、有计划地将思政内容有机融入整个教学过程，构建起全员、全程、全课程育人的格局。课程思政强调知识传授、价值塑造和能力培养的多元统一，在教学中更加注重学生的素质教育和能力培养。在国际中文教育专业教学中，不仅要让留学生掌握流利的汉语和专业知识，提高汉语交际能力，还应该思考如何更好地将课堂打造成讲好中国故事、传播好中国声音的渠道，充分利用好来华留学生这一连接中外的桥梁，向世界展示更加立体、更加真实、更加全面的中国。

基于上述理念，留学生课程思政教学应遵循以下原则：

（一）因材施教与循序渐进原则

国际中文教育专业的来华留学生大多是成人，具有不同的文化背景和成长环境，汉语水平也各不相同。因此，对留学生的课程思政教学必须考虑教育对象的个体化和差异性，结合多种文化背景，充分尊重留学生的个人信仰和文化习俗，因材施教，差异化对待，在存异的基础上求同。来华留学生本科课程面向不同语言水平的学习对象开设，必须按照课程标准顺序进行教学，在课程思政内容方面也必须按照留学生的认识顺序由浅入深、由表及里地进行教学。低年级的来华留学生汉语水平较低，课程思政教学的重点在于帮助他们了解真实的中国国情并快速适应在华生活。高年级的留学生，经过系统的汉语和专业知识学习，汉语水平普遍提高，对中国社会和文化也有了一定程度了解，不再满足于单纯的汉语和专业知识学习，渴望更全面地了解当代中国社会、经济、政治、文化、教育等，以便将来从事与中国相关的工作。这一阶段的课程思政教学，不但要帮助留学生全面了解中国国情、制度政策和社会的发展变化，而且要引导留学生结合自身的文化背景和经历，从国际视角理解中国发展背后的深层逻辑，站在人类命运共同体的立场去分析和探讨相关问题，实现由学习语言技能到传播中华文化的重要转变。

（二）显性与隐性教育相结合的原则

教育部 2020 年的《高等学校课程思政建设指导纲要》中提出，要全面推进课程思政建设，各类课程应以隐性的教育方式与思政课的显性教育方式同向同行。"所谓显性的思想政治教育是通过相对直接的多种形式的价值观影响，外化为人的行为，达到对人的思想意识的影响。隐性的思想政治教育，则对价值观的输出更加隐秘合理，对学生进行的思想政治教育更加容易被接受。"与单独的思政课不同，课程思政课中所蕴含的思政元素以隐性的形式渗透在课程中，与该课程固有的知识和技能有机融合，通过课堂教学由隐而显，达到润物无声的效果。国际中文教育专业的课程以专业知识和语言文化类课程为主，价值塑造应当融入教学知识传授和能力培养过程中，使留学生在理解的基础上，进一步加深对中国文化的理解和认同，从而实现立德树人的教学目的，切忌生硬地向留学生灌输道理。例如，在口语课中，可选择贴近留学生生活的话题，如做客、旅行、面试、购物等主题，引导留学生展开讨论。在中国民俗课中，介绍中国称谓与打招呼、拜访与迎送习俗时，通过中外文化对比，使留学生了解中外社交礼俗的异同点，掌握中国人的礼貌原则和汉语中常用的委婉表达方式，深入思考中国尊老爱幼等观念及其背后的文化背景和价值观，寻找不同文化中的共同逻辑，更好地实现培养来华留学生知华、友华的目标。

（三）创新性原则

在全国高校思想政治工作会议上，习近平总书记提出了提高学生思想政治素质的明确要求，即"四个正确认识"，其要义在于用正确的立场、观点和方法分析问题，养成历史思维、辩证思维、系统思维和创新思维。课程思政所展现的正是一种创新思维，尤其是对于来华留学生的课程思政，这是以往思想政治教育所未曾涉足的全新领域。在来华留学生国际中文教育专业的语言文化类和专业类课程教学中融入思政内容，更需要创新思维。疫情以来，国际中文教育大量采用了线上教学和线上线下混合教学的方式，充分利用现代教育信息技术，完善教学设计，融入先进的教学理念和思想，以加强价值引领和着重培养学生创新意识和实践能力为目标，构建了基于网络课程资源和智慧化教育教学的平台，推进现代信息技术在课程思政教学中的应用。国际中文教育专业的创新原则，不仅体现于创新平台的搭建，也体现于教学方法的创新。无论是在专业课还是在语言文化课的教学中，都强调以留学生素质教育和能力培养为中心，通过启发式讲授、互动式交流、探究式讨论等多样融合的思政教学方法，在师生共同参与、问题导向、理性探究、情感体验、多维感知的课堂教学中，充分发挥留学生的主体地位，使留学生在潜移默化中自然接受中华优秀文化的熏陶与教育。

（四）理论与实践相结合的原则

课堂教学是课程思政建设的出发点和落脚点，要抓住课堂教学"主渠道"，将课程思政融入课堂教学过程，同时第二课堂的地位与作用也不容忽视。对于来华留学生，在教育中贯彻理论与实践互相结合的原则尤为重要。课程思政内容并不局限于课堂教学中，一定要充分利用好第二课堂，促进课堂内外联动，实现全方位育人目标。要多创造机会，积极引导留学生参与社会实践，融入中国社会，近距离感受中国的变化发展，在切身体验中加深对于中国社会的了解。如组织留学生语言实践活动，通过亲身实践来进一步了解中国社会现状和中国历史文化内涵，感受中国日新月异的发展变化，从而获得对中国社会和文化更加深入透彻的理解，提升对中国的认同度。

二、来华留学生课程思政的教学内容及维度

来华留学生课程思政的教学内容包括以下几个方面：

（一）语言知识与技能的语言维度

对于来华留学生的语言能力，《来华留学生高等教育质量规范（试行）》在入学标准和人才培养目标中都给出了明确要求。作为以中文为专业教学语言的国际中文教育专业，汉语是来华留学生在中国学习、同中国人交往以及未来从事国际中文教育工作所必备的基本技能。汉语综合课作为必修课程，贯穿国际中文教育专业一到四年级本科教学全过程，凸显以培养语言能力为主的专业发展理念，尤其是在低年级阶段（一、二年级），主要以汉语言学习为主，开设课程包括汉语综合、听力、口语、阅读、写作、汉字读写、现代汉语语音、汉字概论、新闻语言基础、中国文化基础等，侧重于从听、说、读、写四方面切实提升留学生的汉语水平。语言是文化的载体，在语言知识和技能的学习过程中，必然渗透着语言的文化知识与价值观念，有利于课程思政内容的融入。在汉语课程中推行课程思政，应根据留学生的语言水平，将思政素材适时、合理地融入教材和教学之中，使之与知识传授和技能训练的目标同向同行。例如，初中高级汉语综合以及听说读写课程的每一单元，均会涉及家庭、爱情、职场、教育、环境保护等主题。在教学过程中，教师在课前热身、话题导入、课文讲授、课堂讨论、课外延伸等环节，均可将中国特色的注重家庭家风家教、尊老爱幼、诚实守信、爱岗敬业、尊师重教、生态文明等价值观念有机融入，在培养留学生的语言能力和跨文化交际能力的同时，深化对中国社会与文化的理解和认同，从而实现知识传授、价值塑造和能力培养的多元统一。

（二）体现中国优秀传统的文化维度

优秀的传统文化是来华留学生课程思政的重要内容，对于实现国际中文教育专业的培养目标以及完成立德树人的根本任务具有特别的作用和价值。以习近平同志为核心的党中央高度重视中华优秀传统文化的历史传承和创新发展。习近平总书记的一系列重要论述，为传承和创新发展中华优秀传统文化指引了方向。在课程思政教学中，必须充分考虑到不同课程的特点，选取贴合课程与留学生实际的优秀文化事例来进行教学，重点关注优秀传统文化所蕴含的价值取向与精神信仰。中国文化基础是为二年级留学生开设的一门文化选修课，课程将文化知识、文化理解与课程思政相结合，遵循以学生为中心、以教师为主导的教学原则，为留学生讲述中华优秀传统文化，尤其是它对于当代中国的现实意义与精神内涵。课程包括上下两学期，上学期主要学习《长城》《太极拳》《京剧》《中国龙》《中国画》《孔子》《中国人的姓名》《春节》《北京城》《黄河、长江与中华文明》等中国文化中最具代表性的内容，旨在帮助学生了解中国文化的基本面貌，感受中国文化的悠久历史与独特魅力。下学期学习中国古代神话、唐诗宋词赏析、中国民间传说、中国古代建筑、中国民间音乐、中国茶文化、中国医药文化和中国古代教育等专题内容，通过十六篇课文帮助学生从中国文学、艺术、生活、教育等方面了解中国文化的独特性与多样性，引导留学生理解中国文化的基本精神以及文化符号的象征意义。与此同时，通过中外文化对比，加深留学生对人类文化共性和差异性的认知与理解，促进文明交流互鉴。

（三）展示中国文学艺术的文艺维度

习近平总书记指出："国际社会对中国的关注度越来越高，他们想了解中国，想知道中国人的世界观、人生观、价值观，想知道中国人对自然、对世界、对历史、对未来的看法，想知道中国人的喜怒哀乐，想知道中国历史传承、风俗习惯、民族特性，等等。这些光靠正规的新闻发布、官方介绍是远远不够的，靠外国民众来中国亲自了解、亲身感受是有限的。而文艺是最好的交流方式，在这方面可以发挥不可替代的作用，一部小说，一篇散文，一首诗，一幅画，一张照片，一部电影，一部电视剧，一曲音乐，都能给外国人了解中国提供一个独特的视角，都能以各自的魅力去吸引人、感染人、打动人。……要讲好中国故事、传播好中国声音、阐发中国精神、展现中国风貌，让外国民众通过欣赏中国作家艺术家的作品来深化对中国的认识、增进对中国的了解。"开设中国文学史、小说选读、古代文学名著选读、中国艺术史等课程，在纵向梳理文学史、艺术史的基础上，对经典文学艺术作品进行文本细读，有助于来华留学生加深对中国文学艺术的深刻内涵及所体现出的民族精神的理解。高级汉语综合课，将鲁迅、老舍等文学大师笔下的《药》《阿Q正传》《茶馆》等作品编入课文。通过学习，留学生既能够学习作家严密的逻辑思维、严谨连贯的篇章结构与丰富多样的语言表达，也能够深入了解上个世纪初中国的社会现状，深刻理解资产阶级民主革命的局限性与无产阶级红色革命的必然性与必要性，还能够深刻体会作者对祖国的深深热爱与对祖国未来充满信心的乐观主义精神。

（四）中国国情和社会的现实维度

在新时代背景下，一方面要向留学生讲述中国悠久的历史和灿烂的文化，另一方面也要让留学生了解现当代的中国国情与社会。如中国国情课程分为四个部分：中国的自然和人文条件、中国政治、中国经济、中国社会。课程主要介绍中国在全面建设小康社会、经济发展、教育改革、文化繁荣、环境保护、生活方式转变等各方面取得的历史成就，用大量的事实和数据来展现中国当前的现状、机遇和挑战。课程将中国国情知识学习与课程思政相结合，留学生通过对课程的学习，了解中国国家整体概况，理解中国治国理念的基本内涵、中国经济的发展现状、人民的生活方式和思维方式的转变等。由于中国经济的崛起，越来越多的来华留学生迫切需要了解中国经济的现实状况，当代中国经济课就是这样一门为来华留学生介绍中国经济发展状况的课程。通过学习，留学生了解当代中国经济运行的原理和运行规律，深刻认识中国经济改革、发展和演变的内在逻辑和趋势，获得对当代中国经济发展过程及现状的基本认识，这为他们今后从事与中国有关的工作，以及进一步了解、研究中国经济情况打下必要的基础。

（五）与社会事件相结合的热点维度

坚持潜心问道和关注社会相统一，这是习近平总书记在学校思想政治理论课教师座谈会上对思政教师提出的要求之一。这不仅仅是对思政教师的要求，也为课程思政建设指明了方向。教师在课程思政教学中，应紧密结合中国新时代发展大势，把真实的中国展示给留学生。比如，商务汉语综合课以"一带一路"、气候变化和生态环境等问题为话题，引导留学生开展讨论，使留学生了解"一带一路"的意义，了解中国的生态文明观和中国在环境保护、经济可持续发展、绿色发展方面的决心，了解中国在构建人类命运共同体过程中的努力和担当。当代中国经济课程收录了一系列中国经济的热点问题，包括居民收入和消费、人口和就业、区域经济发展，将全面实现小康社会、精准扶贫、"一带一路"等经济发展和成就融入课堂，使留学生认识到中国经济发展不仅为改善中国民生问题、实现贫困人口全面脱贫、建设小康社会发挥了保障作用，也为全球经济提供了在消除贫困、拉动就业、稳定增长方面的示范作用。再比如，抗击新冠肺炎疫情中展现出的中国力量、中国速度和中国精神，让疫情防控成为课程思政的鲜活教材。中国文化基础课程在讲到世界文化遗产"长城"时，结合中国上下"众志成城"抗击疫情的生动事例，深刻阐述其背后所蕴含中国人民的英勇无畏、坚持不懈的精神实质，让留学生感知中国文化的同时感受中国力量，提升留学生对中国文化的认同感。

（六）教师职业操守的师德维度

教育部《高等学校课程思政建设指导纲要》中将"深化职业理想和职业道德教育"

列为课程思政建设目标和内容重点，要求教育引导学生深刻理解并自觉实践各行业的职业精神和职业规范，增强职业责任感。国际中文教育专业是兼跨中国语言文学和教育学的特色交叉专业，目标是培养具备汉语教学能力及中国文化交流与传播能力的汉语人才，从事中文教学将成为不少本专业毕业生未来的职业选择，因此，教师职业理想和职业道德教育是留学生国际中文教育专业课程思政的重要内容之一，要在课程相关章节有机融入职业精神和职业规范，增强职业责任感。习近平总书记在全国高校思想政治工作会议上强调，高校教师要坚持教书和育人相统一，坚持言传和身教相统一，做到以德立身、以德立学、以德施教。一名优秀的教师不仅传授书本知识，还应该集"知、仁、勇"于一身，成为塑造学生品格、品行、品位的"大先生"。国际中文教育专业的教师面对来自世界各国的留学生，是留学生在中国接触最多的人群，这些教师不仅是语言知识和文化知识的传播者，更是中国形象的展示者，教师的言传身教是课程思政最见成效的方式，教师的精神面貌、人生态度、价值观念和师德师风，都会对留学生产生潜移默化的影响。因此，教师不仅要具备扎实的学识，更要具有较高的道德品格，从而对学生产生正面积极的示范作用。

（七）中国法律法规的法治维度

教育部《高等学校课程思政建设指导纲要》中指出，深入开展宪法法治教育是课程思政建设的目标要求和内容重点。随着来华留学生规模不断扩大，留学生的法治教育问题日益受到社会关注，留学生法治教育的必要性不容忽视。2017年，教育部、外交部、公安部联合制定了《学校招收和培养国际学生管理办法》，其中第四章"校内管理"第二十五条明确规定："高等学校应当对国际学生开展中国法律法规、校纪校规、国情校情、中华优秀传统文化和风俗习惯等方面内容的教育，帮助其尽快熟悉和适应学习、生活环境。"2018年，教育部印发的《来华留学生高等教育质量规范（试行）》中明确指出："高等学校应当在入学和日常教育中有计划地对来华留学生进行中国法律法规、校规校纪和安全教育；应当及时向来华留学生提供安全信息，预防违法犯罪，防范不法侵害。"2020年6月，《教育部等八部门关于加快和扩大新时代教育对外开放的意见》提出做强"留学中国"品牌，并在具体任务中提出要加强来华留学生法律法规教育。国内高校在对留学生进行入学教育时，都会对签证、移民政策等相关法律规定作出说明。但除了法学专业，留学生对中国的法律法规的学习十分匮乏，因此应建立全面系统的留学生法治教育体系，将法治教育课程作为留学生必修科目，并设置相应学分。目前，国际中文教育涉及中国法律法规的课程仅有"中国经济法"一门选修课，因此，应将法律法规教育渗透于各类课程和教学实践活动中，引导来华留学生遵守中国法律法规、校规校纪，增强法律意识。

（八）中国世界观和思维方式的哲学维度

教育部《高等学校课程思政建设指导纲要》中提出，课程思政建设的目标要求之一，就是坚定中国特色社会主义道路自信、理论自信、制度自信、文化自信。理论自信最终还是要落在世界观和方法论上。中国人的世界观根植于五千年的文明传承，中华文明对世界的贡献，体现在世界观的贡献、方法论的贡献、思维方式的贡献。中国的理论，不仅对中国社会有意义，对整个世界都是有价值的。中国哲学课程是国际中文教育专业的选修课，系统介绍了中国古代哲学家如孔子、孟子、老子、庄子、韩非子等先秦诸子百家的思想，汉代以后的儒教文明及其对东亚传统文化的影响，宋明理学对中国近代文化的影响，以及近代马克思主义哲学的传入及其对中国现代文化的意义。通过教学，使留学生在学习中国哲学知识的同时，了解中国人的思维方式和世界观。由于特殊的经济、政治等因素，中国哲学在具体的研究方式、表达方式、思维习惯和基本态度上都与西方哲学不同，表现出强烈的中国特色。与西方哲学注重抽象的逻辑推理不同，中国哲学是中国的历史、文化、现实和思维的依据，是中国传统文化的生命之根。中国哲学课程从了解中国人自古以来的诚实守信理念、中国古代哲人的社会责任感与文化修养、中国人对世界的和平理念以及依法治国理念四个维度构建中国哲学课程思政教学大纲，将课程知识与课程思政元素一一对应、有机融合。除了中国哲学课程，在其他课程思政教学中，也要有意识地用哲学原理指导专业学习，引导留学生运用哲学思维发现问题并解决问题。

三、来华留学生课程思政的教学路径与教学策略

（一）提高政治站位，做好课程思政教育顶层设计

实施课程思政，首先要做好顶层设计。必须围绕立德树人根本任务，进一步推进教学改革，积极主动地探索新时代思政课程的建设方法，拓展课程思政建设的途径，提高教师队伍综合素质，加强课程和教材建设，提升育人能力和育人实效。要秉持"课程承载思政，思政寓于课程"的理念，在制定人才培养方案和专业建设时，优化教学内容，创新教学方式，使文化知识与思政元素有机融合，提升思政课程的实效性与针对性。

（二）全方位打造一批具有思政教育示范效能的精品课

课程是人才培养的核心要素，是课程思政建设的基本载体和主要阵地。目前，面向来华留学生的课程思政教育还处于起步探索阶段，应集中优势力量，强化专业特色，打造一批具有推广价值的高质量课程思政精品课，在留学生国际中文教育领域起到引领示范作用。从各门课程的教学内容和特点出发，准确把握知识传授和价值引导的关系，充分认识课程所蕴含的思政育人价值，精心做好各章节的课程思政教学设计，深入提炼和挖掘课程中所蕴含的思政教育元素和承载的思政教育功能，使思政教育有机融入相关章节之中。在教学中，在把握留学生的特点和发展需求的基础上，整合教学资源，创新教学方法，切实提高课程思政育人能力。

（三）编写来华留学生课程思政教育的优秀教材

作为课堂教学活动的三大基本要素之一，教材是教学内容的载体，也是完成教学任务

的依据。为了更好地实施课程思政，需要从各门课程的教学内容和特点出发，编写体现思政理念、融入思政内容的教材。新教材以立德树人为指导思想，以服务国家发展战略作为根本落脚点，突出国际中文教育和文化传播人才培养特色。为使留学生更客观全面地了解当代中国，结合习近平新时代中国特色社会主义思想，在教材中汇入更多的时代性元素，增加中国基本国策和时事政治教育内容，帮助留学生更好地了解新时代中国治国理政的思路，成为真正懂得中国的国际化人才。根据留学生特点，创新教材形态，在出版传统纸质教材的同时，开发知识点视频、MOOC教学视频、案例库等数字资源，建立具有专业特色的课程思政内容资源库，让教师可以充分利用配套课程资源，实现翻转课堂与混合式教学，留学生也可利用上述资源，实现自主学习。

（四）完善实施课程思政教学改革的体制机制

课程思政建设是一个系统工程，涉及教师、学生、教材、课程、质量评估、保障机制等多种因素，需要多方参与、协同联动。建立科学有效的评价激励机制，建立健全相关的规章制度，对于课程思政建设具有重要的导向作用。目前，很多高校设立了课程思政教改专项，将课程思政纳入学校教育教学改革项目，为课程思政工作的开展提供资助和保障。人才培养效果是课程思政建设评价的首要标准，除了通过检查课程标准、教案、教学大纲和组织课程思政教学大赛、随堂听课等方式来考核课程思政的效果，还要注重从留学生的角度来评价课程思政的效果，确保来华留学生教育课程思政育人成效经得起检验。

（五）丰富课程思政实施载体，优化创新路径

构建"第一课堂"与"第二课堂"深度融合育人模式，以教师讲授、案例分析、学生讨论等形式将思想政治元素融入第一课堂，以参观体验、调查访谈、社会实践以及学科竞赛等形式将思想政治元素融入第二课堂。通过实践活动，一方面培养和锻炼留学生的综合创新能力、自主学习能力、团队精神和合作意识等，另一方面使留学生近距离真切感受中国的变化发展和巨大成就，加深对于中国社会的了解，引导留学生理解和认同中国特色社会主义道路和核心价值观，达到立德树人的总体教育目标。

（六）在教学策略方面，创新教学手段，丰富教学资源，注重课程效果全过程管理

充分发挥课堂的主渠道、主阵地作用，通过改进教学方法提升教学质量。在以往教学过程中，受制于课堂学时限制，教师主要着力于专业知识传授与技能训练，忽视思政元素的融入，同时，对于课前预习和课后学习效果跟踪缺乏有效手段。在新冠疫情暴发的特殊背景下，留学生国际中文教育专业积极探索和应用线上教学手段，客观上促进了教学资源的丰富和拓展，为推动课程内容设计和线上、线下混合式教学提供了契机。例如中国国情课，采用线上线下混合式教学模式：线上观看学习资源、整理资料，课堂讲授重点、展开讨论，线下总结反思。教师在上课前将学习材料和学习资源都上传到网络平台，留学生可

以提前预习课文、观看视频、完成练习题。上课时教师首先用反映最新中国国情的视频导入新课，请留学生分享他们的感想和看法。课堂上主要由留学生来讲解课文，有问题的时候师生一起讨论，对有争议的问题还可以展开辩论。为了了解每个留学生的预习情况和对课文的理解程度，设计课堂练习题，让留学生在规定时间内完成，题型有填空题、选择题、判断题、投票题，留学生的学习效果能从课堂练习题的完成情况和得分中显示出来。为了提高留学生主动积极地了解中国国情，在课堂上定期开展国情报告，每个留学生都有一次为全班同学介绍最新国情的机会。鼓励留学生从新华社、中国政府网、人民网、光明网等权威的网络媒体获取信息、查找资料，可以用视频、PPT 的方式展示最新中国国情。通过先进教育手段的运用，精心打造线上精品课程，推进信息技术与课程思政教学深度融合。

结　语

综上，"课程思政"是实施"三全育人"的具体举措，来华留学生教育虽然有特殊性，但推进课程思政教学及研究也势在必行。只有切实落实立德树人根本任务，将"育人"和"育才"相统一，才能在留学生教育中培养出民心相通的使者。在具体实践中，应当分析留学生课程思政教育特点，细化思政教育内容，结合留学生汉语类课程特性，找出课堂教学改革的切入点，探索将思政教育内容融入对外汉语课堂教学，帮助留学生在学习汉语、中国文化知识的同时，正确认识中国、理解中国，最终培养出新时代知华、友华的高层次国际汉语人才。

参 考 文 献

[1] 习近平在全国高校思想政治工作会议上强调：把思想政治工作贯穿教育教学全过程 开创我国高等教育事业发展新局面 [N]. 人民日报，2016-12-09（1）.

[2] 沈庶英. 来华留学课程思政：基于学科交叉的统整建构 [J]. 教育研究，2021（6）：92-99.

[3] 王维丽. "课程思政"元素融入对外汉语教学的思考 [J]. 文教资料，2021（10）：101-102.

[4] 习近平谈治国理政（第二卷）[M]. 北京：外文出版社，2017.

[5] 丁文阁. 中外学生趋同化管理中思想政治教育主导性的强化路径 [J]. 北京教育（德育），2020（6）：25-28.

高级汉语综合课思政教学探索

张亚茹

(北京语言大学汉语学院)

摘 要 高级汉语综合课坚持价值引领、能力培养和知识传授有机融合，构建"语言+能力+素养"的多维立体的综合性教学模式，而思政教学则是高级汉语综合课教学实现价值引领与素养提升的关键。高级汉语综合课思政教学内容丰富，以汉语原文原著为依托，本着润物细无声的原则，引导留学生在原汁原味的经典汉语欣赏中潜移默化地接受中华优秀文化的熏陶与浸染；教学方法多样融合，以学生为中心，综合运用任务驱动、自主探究、视听结合、体验、语言实践等多种教学方法展开有效的思政教学；思政教学贯穿课前、课中、课后整个教学过程，且教学方法各有侧重；科学利用各种教育技术手段与互联网教学资源，充分发挥其在思政教学中的技术支撑与资源辅助作用。

关键词 高级汉语综合课；思政教学；教学目标；教学内容；教学方法；教学环节。

引　言

时代的发展对国际中文教育的人才培养目标提出了更高要求，即培养拔尖汉语人才与德智体美劳全面发展、知华友华的创新型国际汉语人才。而思政教学则是实现这一新时代国际中文教育人才培养目标的重要方式，因其注重对学生价值观念的引领与人文素养的提升。那么，针对来华留学生，我们应该如何进行思政教学呢？如何在已有汉语课程中自然融入思政教学以取得一举两得的最佳教学效果呢？我们以北京语言大学汉语学院高级阶段主干核心课程——高级汉语综合课及其教材《现代汉语高级教程》为例，尝试探究高级汉语综合课思政教学。

一、高级汉语综合课的课程定位

高级阶段是来华留学生汉语综合运用能力培养与提高的关键时期。高级汉语综合课作为来华留学生高级阶段汉语教学的主干课程，承担着汉语知识传授、汉语综合运用能力培养与人文素质提升等多重任务，以汉语综合运用能力培养为核心任务。在传授语言知识、培养与提高留学生汉语综合运用能力的同时，注重人文精神的传达与留学生人文素质的培养，即引导留学生在潜移默化中接受丰富而有益的中华传统文化与现代文化的精神熏陶，加深其对博大精深的中华优秀文化的认识与理解。高级汉语综合课作为综合性语言技能课程，是口语、阅读、听力、写作等专项技能课与其他知识课程的纽带与核心，对这些课程具有辐射和支撑作用，在汉语课程体系与留学生汉语综合运用能力培养、素质提升过程中占有至关重要的地位，对国际汉语人才的培养发挥着重要作用。

北京语言大学汉语学院设置的高级汉语综合课，是针对接受本科汉语教育的来华留学生高级阶段汉语教学的主干课程与专业必修课程，是对本科三、四年级留学生听、说、读、写各项技能进行综合性训练的语言技能课。以汉语原文原著的阅读理解为基础，侧重书面语体教学，以书面语体词语、复句与语段语篇为主要教学内容，对留学生进行听、说、读、写综合技能的训练，以培养并提高留学生准确而得体的口语和书面语表达能力为教学目标，使留学生能熟练、准确、恰当而得体地掌握和运用汉语，并能在较高层次上理解和欣赏汉语丰富多彩的语言现象。汉语原文原著所蕴含的丰富内容是思政教学的原料来源，为思政教学的自然融入提供了有利条件，而综合技能的训练则为思政知识转化为能力实践与价值观念提供了有效方式。

二、高级汉语综合课思政教学目标

为适应新时代国际中文教育人才培养目标，作为本科汉语教学的主干课程，高级汉语综合课在弘扬已有教学经验与成果的基础上，转变教育思想观念，创新全过程、全方位育人体系，创新人才培养模式，坚持价值引领、能力培养和知识传授有机融合，将思政内容润物细无声地融入课程教学与人才培养各环节，将知识传授、语言能力与实践能力培养、人文素养提升、正确价值观念培养相结合，将通识教育与精英教育相结合，将语言教学与以中华优秀传统文化教学为核心的思政教育有机结合，培养专业扎实、具备卓越汉语言能力与人文素养的复合型高层次中外文化交流友好使者和高端人才。讲好中国故事，传播好新时代中国声音，让世界更立体、更全面地了解中国。

为此，高级汉语综合课构建了较为完善的教学目标系统，在教学总体目标框架下，设置科学合理的分项目标。具体如下：

（一）总体目标

坚持价值引领、能力培养和知识传授有机融合，重视留学生语言、能力、素质的同步提升。通过本课程教学，使来华留学生不仅要学习并掌握丰富而系统的语言知识，而且提高汉语综合运用能力、思辨能力与认知判断能力；在潜移默化中接受丰富而有益的中华优秀传统文化与现代文化的精神熏陶，深入认识并理解中华优秀传统文化，使其跨文化理解能力、人文素养、核心素质与综合能力均得到提升；增进留学生与中国之间的友好感情，使之逐渐成长为知华友华的高层次汉语人才，并通过他们促进世界各国对中国、对中国文化的全方位认识。

（二）分项目标

分项目标包括知识目标、能力目标、素质目标与价值目标，具体如下：

1. 知识目标

汉语书面词语（尤其成语）、复句、语段语篇、语体知识。

2. 能力目标

培养留学生得体的口语与书面语表达能力、高层次的阅读理解与欣赏能力、分析与创新能力，进而提高其汉语言综合运用能力。

阅读：阅读、理解并欣赏汉语原文原著；阅读专业研究文献。

写作：写作汉语文章；写作专业论文。

听力：很好地理解与生活或专业相关的各种汉语表达。

口语：用准确而得体的汉语明确而流利地进行叙述与论述。

3. 素质目标

引导留学生接受并理解中华优秀传统文化，如中国古都文化、园林艺术、古典文学、建筑艺术、中国革命等，引发留学生对人的价值、尊严与人类命运等问题的思考，培养其跨文化理解能力与文明交流互鉴意识，使之成为知华、友华的高层次国际汉语人才。

4. 价值目标

培养并提高留学生的思辨能力与认知判断能力，引导留学生形成正确的价值观念、积极向上的精神面貌与对中国的友好感情等，同世界各国青年一道，携手为促进民心相通、推动构建人类命运共同体贡献力量。

高级汉语综合课的思政教学目标，既体现在总体教学目标中，更明确体现在分项目标的素质目标与价值目标中。

三、高级汉语综合课思政教学内容

作为高级汉语综合课教学内容核心的课文，题材丰富，体裁多样，为来华留学生思政教育提供了丰富素材，是高级汉语综合课实施丰富而有效的思政教育的基础。在教学过程中，高级汉语综合课以课文为依托，在传授语言知识、培养留学生汉语综合运用能力的同时，在潜移默化中对留学生进行内容丰富的思政教育，引导留学生接受并理解中华优秀传统文化（如古都文化、古典文学、建筑艺术、家风家教等）、中国革命文化、中国现代文化、人类文明等，引导留学生正确认识当代中国国情，提高综合修养，使之成为知华、友华的高层次汉语人才。

（一）中华优秀传统文化教育

通过课文学习，留学生可接触到中国古都文化、园林艺术、古典文学、敦煌壁画、中国绘画、家庭教育、民族精神、宗教、哲学等一系列中华优秀传统文化主题。如汪曾祺《胡同文化》中的胡同与胡同文化、叶圣陶《〈苏州园林〉序》中的苏州园林文化、季羡林《清塘荷韵》中的荷花、谈歌《城市票友》中的京剧、常书鸿与池田大作《敦煌艺术的特色》中的敦煌佛教艺术、蒯大申《从宋代画院的考试谈起》中的中国传统绘画艺术、黄苗子《美食与乡情》中博大精深的中国饮食文化、傅雷《傅雷家书》中的中国式家教与家风、老舍《茶馆》中所蕴含的老北京茶馆文化、苇岸《春的驿站》中的节气文化、马丽华《藏北牧民的自然崇拜》中的藏北牧民精神世界，等等。引导留学生在掌握课文内容的基础上，深刻理解课文所蕴含的中华文化与思想，使其在潜移默化中受到中华优秀传统文化的熏陶与教育。

（二）中国革命文化教育

通过课文学习，留学生可在鲁迅、老舍等文学大师笔下的《药》《阿Q正传》《茶馆》等作品里接受中国近现代革命历史文化教育，深刻理解课文所反映的清末社会现实，从字里行间感受近代中国的屈辱历史，认识到这样的社会必须改变，进而思考应该如何变革社会这一严肃话题，从而深刻认识中国红色革命的必然性与必要性，深刻体会鲁迅与老舍先生等老一辈文学大师对祖国的深深热爱与对祖国未来充满信心的乐观主义精神。

（三）中国现代文化教育

通过课文学习，留学生在《华罗庚》《现代技术的危险何在?》中了解现代技术对世界的影响，深刻认识中国科技发展、科学创新精神与尊重人才的观念；在《傅雷家书》中深刻体会中国家风家教与傅雷先生对祖国的赤子之心；从《鹤》《海洋与生命》中理解保护生物多样性与构建地球生命共同体理念、共建人与自然和谐共生地球家园的重要性；从《藏北牧民的自然崇拜》中理解人与自然生命平等、和谐共生的观念，进而深刻理解构建地球生命共同体的重要性与必要性。

（四）人类文明教育

《傅雷家书》《华罗庚》《鹤》《教化的困惑》《现代技术的危险何在?》等课文还能够引发留学生对人的价值、尊严与人类命运等人类文明问题的思考，这种思考超越了国家、民族与宗教的界限，是人类文明之道大化于天下的生命大智慧。以《教化的困惑》为例，课文强调了不同文化和文明的特质和内涵有所不同，但它们彼此平等，没有高低之分；不同的文化与文明应互相尊重，取长补短，这与习近平总书记倡导的构筑人类命运共同体理念是一致的。通过课文的学习与课外补充思政材料的阅读，留学生不仅能够深入领会作者所表达的不同文化和文明彼此平等、应互相尊重的观点，而且能够深刻体会构筑人类命运共同体这一理念的先进性与重要性。

四、高级汉语综合课思政教学方法

高级汉语综合课思政教学方法多样融合，在师生共同参与、问题导向、理性探究、情感体验、多维感知的课堂教学中，留学生在潜移默化中自然接受中华优秀文化的熏陶与教育，这就是高级汉语综合课思政教学的特色所在。

（一）任务型语言教学

任务型语言教学是以学生为主体，以任务为驱动，在教师引导下，以小组为单位开展课堂讨论与合作探究，深入理解课文中所蕴含的优秀文化内涵。如学习三年级下册课文《鹤》时，教师设置主人公行为态度变化、人与自然关系如何处理等探究任务，引导留学生围绕小主人公在知道"鹤"的真实身份（白鹭）前后截然不同的态度与行为进行讨论，进而共同思考其中蕴含的人与动物关系、人如何对待动物等问题，最终引导留学生对以保护生物多样性为核心的地球生命共同体理念进行深入讨论，探究这一理念对于保护地球家园的重要性。

（二）自主探究式教学

自主探究式教学是指教师引导学生适当利用互联网查阅并整理与教学内容相关的资料，留学生以小组为单位，分工合作，共同完成资料的查阅、整理、发言等任务，进行自主探究，从而更为全面深入地理解教学内容。如学习三年级下册课文《现代技术的危险何在?》时，教师引导留学生在查阅现代技术相关资料的基础上，结合自身学习与生活，深入分析现代技术的利与弊，并进而思考如何充分发挥其利，如何努力克服其弊，以便使技术更好地为人类服务。

（三）视听结合教学

视听结合教学是指引导学生结合观看与课文内容密切相关的电影或纪录片来深入学习课文，帮助学生更好地理解课文内容与课文所蕴含的中国文化与思想，使其在潜移默化中受到中国优秀思想文化教育。如在学习鲁迅《药》这篇课文时，教师专门安排两课时观赏电影《药》。通过具体可感的影视形象（老栓一家、康大叔、夏瑜等）引导留学生深入理解书本上看起来较为抽象的文字表述（如开篇夏瑜遇害部分），从革命者夏瑜的牺牲与人们的冷漠态度，引导留学生在了解清朝末年社会黑暗、人民愚昧的历史事实的基础上，在清末社会现实与当今中国繁荣发展的鲜明对比中，深入理解中国红色革命的必然性与必要性，在潜移默化中接受中国革命文化教育。

（四）体验式教学

体验式教学主要有两种形式：一是教师选取适当内容让学生以临时教师的身份进行合作教学。如学习四年级课文《春的驿站》时，教师设计完整而详尽的教学方案，安排留学生课前认真备课并予以指导，留学生在课堂上分工合作进行讲解，包括课文内容分析、节气知识讲解、词语讲练、作者苇岸思想感情分析四个环节。在这一教学过程中留学生体验了备课——讲课——反馈这一完整的教学环节，其语言能力与教学能力得到了锻炼，激发了学习兴趣；同时深入了解了中国传统节气文化与农业文明，并将传统农业与现代农业进行了初步比较，深刻理解了作者苇岸热爱自然、歌咏自然、保护自然的思想感情并产生共鸣，认识到人与自然和谐共存的重要性。二是教师选取适当内容让学生演讲或表演。如学习话剧《茶馆》时，教师组织留学生分角色按照剧情进行舞台表演，让留学生在角色表演中亲身体验剧中人物的喜怒哀乐，帮助留学生深入理解剧中人物的性格特点，深刻理解课文所反映的清末社会现实，认识到这样的社会必须改变，进而思考应该如何变革社会这一严肃话题。

（五）多样的语言实践教学

为向留学生展示中国文化的丰富内涵，引导留学生深入了解中国社会发展情况，高级汉语综合课结合教学内容为不同年级的学生精心安排丰富的语言实践活动，将京内短途语言实践与京外长途语言实践相结合，努力构建系统而完善的语言实践教学，让留学生在实践中体验所获得的知识，增进其对中国文化的了解与热爱。

1. 以京味文化为主题的京内短途语言实践教学

北京作为全国文化中心，拥有丰富的中华传统历史文化资源，能够为留学生提供丰富而多样的中华优秀传统文化教育。因此，高级汉语综合课每学期都会组织留学生到北京市内的实践基地进行语言实践教学活动。在充分考虑教学内容与留学生汉语能力水平的基础上，组织留学生参观展览，比如鲁迅博物馆、北京孔庙国子监博物馆、中国现代文学馆、首都博物馆等；或者欣赏艺术，如到湖广会馆参观并欣赏京剧；或者参观老舍茶馆、恭王府、红螺寺等具有浓厚北京文化内涵的场所；让学生切身感受和理解北京文化，对北京文化产生亲切感和认同感，并将其对北京的认知传播到世界各地，促进世界各国对北京的全方位认识。

2. 京外长途语言实践教学

选择既能体现中国历史文化又能代表当代中国发展现状的典型实践教学基地，以参观、听讲座、亲身体验、与当地大学生交流等丰富多样的形式开展为期一周的京外长途语言文化实践教学活动。以此向留学生展示中国文化的丰富内涵，引导留学生深入了解中国的社会发展情况，在潜移默化中形成对中国的正确认知与热爱之情；引导留学生在丰富的社会实践教学活动中体验所获得的知识，有效地培养留学生观察问题、分析问题、解决问题与进行社会调查的能力。

3. 线上语言实践教学

疫情期间，留学生无法亲身体验实地语言实践，高级汉语综合课教学团队充分利用网上视频资源与现代信息技术，选取《航拍中国》《跟着书本去旅行》等优秀视频资源，组织线上语言实践教学，引导留学生云游中国，对中国文化进行云端体验。引导留学生在"读万卷书"的同时"行万里路"，走近中国文化，云端实地实景听故事，身临其境受教育，触摸历史，感知文化。

五、高级汉语综合课思政教学环节

高级汉语综合课思政教学，既重视语言与文化知识，也关注思政内涵。思政融入情理相宜，且贯穿高级汉语综合课整个教学过程，在课前、课中、课后三个教学阶段均有充分体现，且不同教学阶段思政教学方法各有侧重。下面以四年级课文《悬壶日志》为例，全面展示高级汉语综合课思政教学环节。

《悬壶日志》是一篇日记体小说，课文节选其中 8 篇日记，详细记述了中医大师周义芳先生的高超医术与高尚医德。通过课文学习，留学生既能够了解丰富的中医文化知识（天人合一、整体观等），也能够从体现周义芳先生高超医术与高尚医德的事例中，深入理解生命至重、一切以病人为重的无私忘我的敬业精神与为中医发展呕心沥血培养新人的传承精神。由此可见，其思政内容非常丰富。

（一）课前预习阶段：自主查阅与整理，了解中医文化

在学习《悬壶日志》这篇课文前，教师会布置具体而明确的查阅资料任务，指导留学生适当利用网上资源查阅并分析整理与中医相关的背景知识，以帮助留学生更好地理解中国传统医学——中医。留学生以小组为单位，分工合作，共同完成资料的查阅、整理、讨论、制作 PPT、课上发言等一系列任务。下面仅列举留学生所做 PPT 的 4 页内容，以此管窥留学生的自主探究式学习成果。

目录 1. 中医发展史 2. 中医特点与基本理论 3. 中医与西医对比 4. 作者张正介绍	1. 中医发展史 1.1 扁鹊 1.2 华佗 1.3 张仲景 1.4 孙思邈 1.5 李时珍 1.6 中医四大经典著作 【每一项均有 PPT 展示简洁说明，下同】
2. 中医特点与基本理论 2.1 天人合一 2.2 人体是有机整体 2.3 辨证论治 2.4 四时（四季）养生 2.5 情志调摄养生 2.6 饮食养生 2.7 运动养生 2.8 经络穴位养生	2.1 天人合一 中医学文化是一门和自然科学紧密结合的医学科学。中医养生应顺应规律，追求长寿但不追求长生不老。 人与自然的统一性，自然界存在着人类赖以生存的必要条件。自然界的变化可直接或间接地影响人体，而机体则相应地产生反应。在功能上相互协调，相互为用，在病理上相互影响。

通过中医资料的查阅与整理，留学生对中医的基本理论（天人合一、整体观、辨证论治）、中医发展史、中医和西医的不同均有了初步的认识与了解，并将其与现代社会人们关注的养生相结合，化难为易，以便更好地理解中医文化。

（二）课堂教学阶段：任务驱动与分析讨论，深入理解忘我的敬业与牺牲精神

在学习课文最后一篇日记《自省录》时，教师会以预习任务单（《自省录》的内容、写作过程与目的、公布于众的目的、周义芳先生的品质与精神等）为驱动，按照由易到难的顺序，引导留学生进行成段语言表达。以容易回答的客观问题为线索，引导留学生在周义芳先生大胆公布记录一生失误的《自省录》的目的与公布之后可能造成的不良影响的强烈对比中进行思考、讨论与分析，一步步探究周义芳先生公布《自省录》这一"不可思议"的行为所体现出的一代中医大师所具有的那种"生命至重、有贵千金"、一切以病人为重、一切以中医发展为重的无私奉献精神。留学生均为周义芳先生这种无私忘我的牺牲精神所深深感动，对如何正确对待事业与人生有了更为深刻的认识与理解。在这一过程中锻炼并培养了留学生通过现象认识本质的认知分析与判断能力。

词语教学与思政教学相结合，以"字里行间""聚精会神"为例，文中原句如下：

"最后一件，墨香犹存，小楷依旧，只是从字里行间看出了手颤。余年老失察，倦于问病，失手在即。……"

"先生右眼视力下降，左眼又发白内障，用放大镜亦要距书一寸左右才可看清。他聚精会神地看着，全身心浸在典籍之中。"

教师引导留学生从课文语境中理解这两个成语的意义、用法与运用条件等。二者常用格式为"（从）字里行间看出……""聚精会神地……"。结合课文引导留学生了解两个成语常用于积极语境；从《自省录》字里行间我们看到了先生记录失误时的痛苦与深刻反省，看到了他对病人认真负责的敬业精神，以此了解"字里行间"后常出现与思想感情相关的词语；从先生双眼视力极差与"聚精会神地看""全身心浸在"之间的强烈对比中体会先生的认真与对第二生命"中医"的执着，以此准确理解"聚精会神"所蕴含的注意力高度集中的意义。由此引导留学生准确而得体地运用"字里行间""聚精会神"这两个成语。

（三）课后复习阶段：理解表达与实践提升，将课文理解转化为语言表达

教师布置书面表达任务：以具体事例说明周义芳先生的高超医术与高尚医德，并就此谈谈你的看法。字数不少于300字。

这是引导留学生在课堂学习讨论的基础上进行回顾反思，通过语言实践提升课文理解与思想认识水平。这一书面表达任务既要考查留学生对所学语言知识的掌握情况，也要考查留学生对文中思政内容（中医文化与敬业精神）的理解与掌握，更要考查留学生对周义芳先生无私奉献的敬业精神的正确认识与评价，并用准确而得体的语言将自己的认识与评价表达出来，实现语言能力、文化知识、精神素养的同步提升。

结　语

综上所述，我们从教学目标、教学内容、教学方法与教学环节四个方面，较为全面地探究了高级汉语综合课的思政教学情况。其特点概括如下：

①模式创新：努力构建"语言+能力+素养"的多维立体的综合性教学模式，将知识传授、语言能力、自主学习探究能力与人文素养提升、正确价值观念引导相结合。

②以汉语原文原著、名家名作为思政教育素材，本着润物细无声的原则，引导留学生在原汁原味的经典汉语欣赏中体悟中华优秀文化，潜移默化中接受中华优秀文化的熏陶与浸染。

③思政教学方法多样融合：强调以学生为中心，综合运用任务驱动、自主探究、视听结合、体验、语言实践等多种教学方法与策略，展开有效的思政教学。

④思政融入情理相宜，且贯穿高级汉语综合课整个教学过程，在课前、课中、课后三个教学阶段均有充分体现，且不同教学阶段思政教学方法各有侧重。

⑤充分利用各种教育技术手段与互联网教学资源，建设云资源，充分发挥其在思政教学中的技术支撑与资源辅助作用。

参 考 文 献

[1] 马树德. 现代汉语高级教程（修订本）上册 [M]. 北京：北京语言大学出版社，2013.

[2] 马树德. 现代汉语高级教程（修订本）中册 [M]. 北京：北京语言大学出版社，2013.

[3] 马树德. 现代汉语高级教程（修订本）下册 [M]. 北京：北京语言大学出版社，2013.

[4] 国家对外汉语教学领导小组. 高等学校外国留学生汉语言专业教学大纲 [M]. 北京：北京语言文化大学出版社，2002.

国际中文教育初级阶段课程思政内容的呈现形式

刘敬华

（北京语言大学汉语学院）

摘　要　本文认为，国际中文教育领域的课程思政呈现形式应有别于普通中国大学生课程。文章从教材、课堂、课下三个方面说明了国际中文教育初级阶段课程思政内容的呈现形式。总体结论是：这一阶段课程思政的呈现形式要与学习者的个人特点、学习者的语言水平相适应；课堂教学要在教材内容的基础上，利用现代媒体手段进行灵活补充；课下要在教材和课堂教学的基础上，通过作业及时总结，固化教学成果，如此才能达到该阶段的立德树人目标。

关键词　国际中文教育；课程思政；课堂；教材；课下。

引　言

课程思政是指以构建全员、全程、全课程育人格局的形式，将各类课程与思想政治理论课同向同行，形成协同效应，把"立德树人"作为教育根本任务的综合教育理念。2019 年 3 月 18 日，习近平总书记在北京主持召开学校思想政治理论课教师座谈会并发表重要讲话。讲话强调"八个统一"：坚持政治性和学理性相统一，坚持价值性和知识性相统一，坚持建设性和批判性相统一，坚持理论性和实践性相统一，坚持统一性和多样性相统一，坚持主导性和主体性相统一，坚持灌输性和启发性相统一，坚持显性教育和隐性教育相统一。2020 年，教育部印发《高等学校课程思政建设指导纲要》（下文简称《纲要》），立足于解决培养什么人、怎样培养人、为谁培养人这一根本问题，围绕全面提高人才培养能力这个核心点，明确了课程思政建设的总体目标和重点内容。语言学领域对课程思政也非常重视，第十一届全国高校语言学学术研讨会的主题即为"语言学教学与课程思政的融合"。

一、国际中文教育课堂的特点

国际中文教育领域面对的情况与中国学生课堂有所不同。[①] 汉语第二语言学习者，特别是初级水平的学习者，汉语语言能力偏低，接受系统的理论有困难；同时，汉语第二语言学习者大多是成人，在母语国已经完成系统的义务教育，建构起了一套自己的人生观和价值观体系。在这种情况下，如果照搬国内大学课堂的课程思政呈现形式，往往达不到预期的效果。

相关研究已经指出，普通语言学教程与课程思政有密切的联系；语言课程是国际中文教育本科层次的重要载体。本文的基本观点是，国际中文教育领域的课程思政呈现方式，要体现上述"八个统一"的精神，坚持实践性、多样性、启发性、隐性教育；要根据教学对象的特点，通过教材内容、课堂教学、课下交流，进行润物细无声的融入。这也是《纲要》要求的"将课程思政融入课堂教学建设全过程"的具体体现。

二、课程思政内容在国际中文教育教材中的呈现

国际中文教育领域的课程思政呈现形式应根据学习者的语言水平，合理融入教材内容。初级汉语水平的学习者很难像同龄的中国学生那样，进行系统专门的理论学习。但在编写教材时，编者始终牢记培养知华、友华、爱华的国际友好人士的目标，在教材的具体内容中融入了相关理念。

下面，我们以北京语言大学汉语学院初级汉语教研室使用的教材《尔雅中文·下》[②] 为例，分析教材对相关内容的融入情况。教材适用对象是初级水平第二阶段的学习者，学习完本教材，学习者汉语水平可达到 HSK 五级水平。使用该教材的学习者已经完成基础语法的学习，开始进入短文阶段，进行成段表达的训练。教材每课包括一个主课文和一个副课文，二者是互相补充的关系。《尔雅中文·下》教学中使用的五个单元课文编写理念分析见表 1。

表 1 《尔雅中文·下》教学中使用的五个单元课文编写理念分析

单元	课文及副课文	编写理念
一	《父亲的爱》 《家人与我》 《愿望》 《妈妈喜欢吃鱼头》 《多年父子成兄弟》 《散步》	家庭： 家庭是孩子的第一个课堂，父母是孩子的第一个老师。家庭教育是教育的开端

① 本文作者曾参与"中国语言政策规范标准"一课"普通话"部分的讲授。该课对历史上汉民族共同语的自发演变历程，以及国家通用语普通话标准的确立过程进行梳理，使学习者掌握普通话的来源和内涵。在教学过程中，我们体会到留学生和中国学生两个群体在课程思政方面的不同模式。

② 全书共六个单元 18 课，根据学期的时间安排，通常选学其中的五个单元 15 课。本文也以这 15 课作为分析对象。

续表

单元	课文及副课文	编写理念
二	《共同经历一场爱情》 《背后的纸条写满爱》 《春节回家吗》 《送礼》 《谁家的孩子》 《温暖》	从家庭到社会： 文明、和谐、友善的价值理念
三	《学习汉语的苦与乐》 《中国来信改变生活》 《第一被淘汰了》 《机会不分先后》 《名人与高考》 《韩国高考与美国"高考"》	从校园到职场： 敬业、诚信的价值理念。学习及工作中自律意识的重要性
四	《中国点心》 《新加坡行医小记》 《我染上了中国人的急》 《北京的快与慢》 《女儿的婚礼》 《跨国婚姻幸福的秘诀》	世界： 构建人类命运共同体的理念。 扩展阅读是一位日本留学生眼中的北京生活节奏。通过快与慢的对比，让学习者体会北京是一个传统与现代交融的城市
五	《中国人的生活观》 《塞翁失马》 《人民币背面的风景》 《我的新疆妈妈》 《全世界都爱大熊猫》 《志愿者的故事》	中国： 中国的生活理念、哲学理念、中国文化的标志、中华民族共同体意识

从表1可以看出，教材第一单元主题是"家庭"。中华民族历来重视家庭，正所谓"天下之本在国，国之本在家"。党的十八大以来，以习近平同志为核心的党中央高度重视家庭文明建设，积极回应人民群众对家庭建设的新期盼新需求，推动社会主义核心价值观在家庭落地生根，推动形成社会主义家庭文明新风尚。教材在编写时，即秉持向汉语第二语言学习者介绍中国的家庭理念，希望引起学习者的共鸣。

第二单元主题是"社会"。希望传达"文明""和谐""友善"的价值理念。"文明"是社会进步的重要标志，也是社会主义现代化国家的重要特征。它是社会主义现代化国家文化建设的应有状态，是对面向现代化、面向世界、面向未来的，民族的科学的大众的社会主义文化的概括，是实现中华民族伟大复兴的重要支撑。"和谐"是中国传统文化的基本理念，集中体现了学有所教、劳有所得、病有所医、老有所养、住有所居的生动局面。它是社会主义现代化国家在社会建设领域的价值诉求，是经济社会和谐稳定、持续健康发展的重要保证。"友善"强调公民之间应互相尊重、互相关心、互相帮助，和睦友好，努力形成社会主义的新型人际关系。

第三单元主题是"校园和职场"。希望传达"敬业""诚信"的价值理念。"敬业"是对公民职业行为准则的价值评价，要求公民忠于职守、克己奉公、服务人民、服务社会，充分体现了社会主义职业精神。"诚信"即诚实守信，是人类社会千百年传承下来的道德传统，也是社会主义道德建设的重点内容，它强调诚实劳动、信守承诺、诚恳待人。

第四单元主题是"世界"。希望传达人类命运共同体的理念。2017年1月18日，习近平主席在瑞士日内瓦万国宫出席"共商共筑人类命运共同体"高级别会议，并发表题为《共同构建人类命运共同体》的主旨演讲。构建人类命运共同体就要积极开展世界各国文化之间的交流、融合和贯通，构建开放包容的人类文化发展形态，推动人类社会繁荣进步。人类命运共同体的构建需要尊重和顺应人类文化发展趋势。随着社会生产力的发展、世界市场的形成，人类日益紧密联系在一起，其中就包括各民族文化的相互交流、相互碰撞。习近平主席在2019年亚洲文明对话大会上指出，文明因多样而交流，因交流而互鉴，因互鉴而发展。构建人类命运共同体就要大力加强世界上不同国家、不同民族、不同文化的交流互鉴，夯实构建人类命运共同体的人文基础。

第五单元主题是"中国"。国际中文教育关涉国家的语言治理能力和中文的国际影响力，意义重大。《中华人民共和国国民经济和社会发展第十四个五年规划和2035年远景目标纲要》明确提出，要提升中华文化影响力。而加强国际中文教育是提升中华文化影响力的基本路径。新形势下国际中文教育需要全面看待从对外汉语教学到国际中文教育的发展历程，用系统观念引领国际中文教育生态良性发展，用发展的眼光、包容的理念和融合的路径促进国际中文教育兼容并蓄。

总之，编者在编写教材时，充分贯彻了社会主义核心价值观理念，并融入了构建人类命运共同体的思想。

三、课程思政内容在国际中文教育课堂中的呈现

2016年12月7日至8日，习近平总书记在全国高校思想政治工作会议上指出，要用好课堂教学这个主渠道，思想政治理论课要坚持在改进中加强，提升思想政治教育亲和力和针对性，满足学生成长发展需求和期待，其他各门课都要守好一段渠、种好责任田，使各类课程与思想政治理论课同向同行，形成协同效应。

教材编写完成后，要使用比较长的一段时间。在目前的科技、社会迅速发展的条件下，教材内容不能与社会的发展相同步。因此，课堂教学中，要对教材内容进行灵活处理，其中一个重要手段就是及时结合各种新媒体资源，对教材内容进行有益补充。下面，

我们结合几个案例进行具体说明。

【案例一】第 5 课介绍了几位在广州工作，春节因各种原因不能回家团圆的中国人的故事。

课堂教学中，我们为学习者分享了中央电视台春节特别节目"说吧"。截取了几位在火车站等车的乘客在车站设置的"说吧"亭里对家人的告白，展示了普通中国人的家国情怀。

【案例二】第 12 课是关于跨国婚恋的话题。除课文以外，我们在课堂上给学习者补充了在北京生活多年的法国人朱利安的视频资料。视频中他讲述了在中国的生活点滴，他对老北京文化以及中国文化的理解。

通过课文以及补充资料，我们希望传达"天下一家"、构建人类命运共同体的理念。

【案例三】第 14 课是人民币背面的风景，副课文是一位日本留学生在新疆旅行中的见闻，以及接受新疆"妈妈"帮助的经历。

课堂教学中，我们利用地图，向学习者介绍了中国的省级行政区划，重点介绍了五个民族自治区，并介绍了人民币上的民族文字，目的是借此向学习者传递中华民族共同体的理念。

【案例四】第 15 课副课文是《志愿者的故事》，讲述一位生长在安阳，在上海完成学业的女孩儿杨静，去西藏昌都支教，并决心扎根边疆的故事。

课堂上，我们向学习者展示中国地图，使他们有直观的体验：文章中提及的几个地名在哪里？请学习者找出它们之间的相对位置关系。并向他们介绍西藏和平解放以来，特别是新时代十年翻天覆地的变化。

在此基础上，我们向学习者介绍了网络自媒体人"那曲拉姆"的故事。通过她的视频作品，让学习者了解西藏那曲的风土人情，以及当地青年克服疾病等不利条件，乐观、顽强面对生活的故事。

四、课程思政内容在国际中文教育课下的呈现

教材的容量是有限的，一些教辅材料因各种原因无法反映到教材中，同时，不同国别、不同年龄的学习者情况各异。因此，除了在课堂上对教材内容进行有针对性的灵活处理，课下也要积极做一些工作。

2020 年至今，受新冠肺炎疫情的影响，国际中文教育绝大部分教学工作都转到线上进行。语言教学不同于专业课教学，需要师生进行实时沟通，因此线上教学的质量和效果会打一个折扣。为了弥补课堂教学的不足，我们在课下做了一些工作。

利用北京语言大学"学习通"教学平台，我们为学习者布置了多样化的作业。同时，创造条件，为分布在世界各地的学习者提供分享学习成果的机会。除了单元测试、期中测试、期末测试，本学期我们五个单元 15 课的作业如下①：

---

① 开学初，为了掌握学习者的语言水平，布置了作业 0；之后每课有四次作业：重点词成段表达练习、朗读课文录音、与课文主题相关的写作练习、课后练习题，这里分析的是每课的第三次作业。

作业 0 开学作业《寒假生活》

作业 1.3《我的父亲/母亲》

作业 2.3《我的愿望》

作业 3.3《（影响我的）名言》

作业 4.3《一个爱情故事》

作业 5.3《××的节》（介绍中国或本国的一个传统节日）

作业 6.3《我的邻居》

作业 7.3《学习语言的苦与乐》

作业 8.3《对以后工作的展望》①

作业 10.3《中国饮食和我国饮食》

作业 11.3《我不理解的人的习惯》

作业 12.3《爱分国界吗?》

作业 13.3《关于的调查》（从提供的调查统计图中选取一个进行数据分析）

作业 14.3《××上的符号/风景》

作业 15.3《我喜欢的动物》

这些作业的目的都是希望学习者在学习本课文的基础上，开阔视野、联系实际，增强"天下一家"的人类命运共同体的意识。

每一课的作业我们都认真批改，及时反馈给学习者。课堂上，利用每节课的弹性时间，请若干位学习者分享自己的作品。整个学期结束时，我们将学习者的习作整理成册，取名《比邻集》，作为他们学习的一个成果（见图1）。

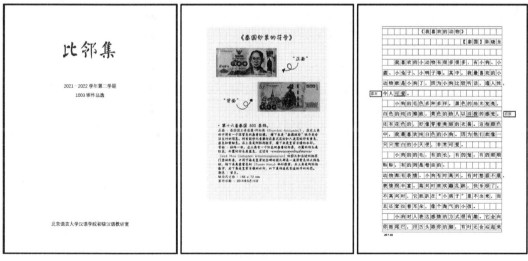

图 1 汉语学习者作品集

---

① 因授课时间限制，1-8 课为期中考试范围；第 9 课略讲，没有布置作业。

课堂以外的语言实践活动也很重要。在条件允许的情况下，我们建议部分在京的留学生，利用节假日，亲眼看一下中国人的生活（教材第 7 课是一位留学生有机会来到北京，看到北京巨大变化的故事）。正如 2021 年 6 月，习近平主席在给北京大学留学生的回信中指出，"中国有句俗语：百闻不如一见。欢迎你们多到中国各地走走看看，更加深入地了解真实的中国，同时把你们的想法和体会介绍给更多的人，为促进各国人民民心相通发挥积极作用。"

结　语

本文认为，国际中文教育领域中的课程思政要讲求在实践中"润物细无声"的效果。2021 年 3 月 6 日，习近平总书记看望参加全国政协会议的医药卫生界教育界委员时指出，"'大思政课'我们要善用之，一定要跟现实结合起来。"思政课教师政治要强、情怀要深、思维要新、视野要广、自律要严、人格要正。本文尝试从教材、课堂、课后三个方面分析国际中文教育领域初级阶段教学中课程思政的呈现内容和形式，认为该阶段的思政教学应结合学习者的个人特点，在课堂教学中灵活使用教材，充分利用现代媒体手段，课下通过针对性和实践性强的作业形式，夯实学习者的学习效果，如此才能达到该阶段的立德树人目标。

参 考 文 献

[1] 胡壮麟. "语言学教程"与课程思政 [J]. 外语电化教学，2022（5）：6-10.

[2] 把思想政治工作贯穿教育教学全过程——全国高校思想政治工作会议交流发言摘编 [N]. 人民日报，2016-12-09（10）.

[3] 卫唯，许峰，张永强，等. 携手共建美好世界——来华留学生热议习近平给北京大学留学生们回信 [J]. 神州学人，2021（8）：42-45.

[4] 魏新红. 尔雅中文·初级汉语综合教程（下） [M]. 北京：北京语言大学出版社，2014.

[5] 谢友中. 汉语国际教育中文语言学课程思政育人实践 [J]. 教育观察，2021（10）：48-50+91.

[6] 中共教育部党组. 办好新时代学校思想政治理论课 [EB/OL].［2022-11-23］. http://www.qstheory.cn/dukan/qs/2020-09/01/c_1126430200.htm.

[7] 中华人民共和国教育部. 高等学校课程思政建设指导纲要 [EB/OL].［2022-11-23］. http://www.gov.cn/zhengce/zhengceku/2020-06/06/content_5517606.htm.

来华留学生翻译课思政教学探索与实践

韩立冬

（北京语言大学汉语学院）

摘　要　来华留学生思政教学对于培养知华、友华的国际人才的重要作用不言而喻。翻译课有别于其他语言技能课采取混合国籍的编班方式，一般仅面向某个国家的来华留学生而开设，因此翻译课开展的来华留学生思政教学与其他课程相比，具有其独有的特点和优势。本文将以日汉翻译基础课为例，探索来华留学生翻译课开展思政教学的模式和方法。

关键词　来华留学生；思政教学；翻译课。

引　言

在面向留学生开展的传统语言技能课程中，教师往往仅重视对学生进行听、说、读、写、译等语言能力的培养与技能的训练，对来华留学生的思政教学重视不够。近年来，面向来华留学生的思政教学在人才培养过程中的重要性日益凸显，各课程纷纷开始探讨开展思政教学的方法和路径，但对于翻译课如何开展思政教学的讨论并不多。本文将以日汉翻译基础课为例，探索来华留学生翻译课开展思政教学的模式和方法。

一、翻译课思政教学的特点和优势

有别于其他语言技能课采取混合国籍的编班方式，翻译课一般仅面向某个国家的来华留学生而开设，因此翻译课的思政教学与其他课程相比，具有其独有的特点和优势。

首先，翻译课开展思政教学有利于增强留学生对文化差异的了解，培养留学生正确的文化价值观。留学生来中国后，需要尽快了解其母国与中国在风土人情、生活习惯、思维方式、法律法规、公共道德以及社会主流价值观等方面存在的差异，以便更好地适应在中国的学习和生活。但针对来华留学生的大多数课程采用混合国籍的编班方式，这种方式虽然有利于留学生语言水平的提高，但这类课程的任课教师往往缺乏对留学生母国历史文化背景的了解，容易忽视留学生个体间的差异，课程内容无法为留学生提供思考其母国与中国文化差异的契机，有些留学生会出现"文化休克"，长时间无法适应中国的生活。而翻译课主要面向某一国的留学生，其任课教师往往通晓留学生母国的语言、文化、历史、社会、国情等，与留学生更能共鸣、共情，可以充分利用课堂教学培养留学生自主探究文化差异的意识和能力，帮助留学生尽快了解中国，提高留学生的跨文化交际能力，培养留学生积极向上的文化价值观。

其次，翻译课开展思政教学有利于培养留学生成为知华、友华的国际友人。我们要培养的是知华、友华的朋友，是中华文化在域外传播的使者，是中国和其他国家友好交往的桥梁和纽带。我们在翻译课教学过程中，可以充分利用翻译课教学文本内容题材多样化的特点，使留学生更好地了解中国与其母国在政治、经济、文化、教育、体育、卫生、艺术等各领域友好交往的历史和现状，并重点介绍在两国友好交往的过程中发挥过重要作用的代表性人物及其故事，为留学生树立标杆和楷模，加强留学生对人类命运共同体思想的理解和把握，鼓励留学生为促进中国与其母国之间的友好交往贡献自己的力量。

二、翻译课思政教学的原则与理念

思政教学作为一种教育理念，是知识传授与价值引领的结合。课程思政目标与翻译技能训练的有效结合是课程思政教学的重点和难点。在有限的时间内，既保证翻译专业知识的传授，又保证课程思政的效果，这对教师的思政意识、翻译素材的选择和教学设计等都提出了很高的要求。

翻译课开展思政教学，首先要培养教师的政治素养，提高教师的政治意识。教师作为教学活动的主导者，其教学理念对教学过程和教学效果具有决定性作用。翻译课教师的专业背景多以外语为主，缺乏对思政教学的系统学习，对思政教学相关的理论积累并不多。因此，要想促进思政教学与翻译技能教学的融合，就必须提高教师对思政教学的重视。教师不能将教学重点只放在对留学生翻译技能的训练上，也要认识到思政教学在留学生人才培养过程中的重要性。教师可以借助网络资料、学术论文和教学资源，加强自身的知识建设和课程理念建设，提高自身自主、自觉开展思政教育的意识和能力。在教学设计过程中，应时刻铭记自己的身份，要通过多种途径实现翻译技能训练与思政目标的结合，展现中华优秀传统文化和全面、真实、立体的中国，传递正能量，更要通过自身的言传身教感染留学生、引导留学生。

翻译课开展思政教学，要加强教材建设，将思政内容反映在翻译文本中。教材是教师开展教学工作的依据，也是学生开展学习活动的指南。因此，教材内容的设定，对教学设计以及学生的学习效果有着决定性作用。在教材编写过程中，要融入思政内容，将社会主义核心价值观和优秀中华传统文化等相关内容加入翻译教材中，为教师开展思想政治教育工作提供依据。另外，教师也可以结合翻译课实践性较强的特点，查找最新资料作为教材的有益补充和练习资料。在素材选择上，应根据留学生关心的热点问题灵活选择翻译素材，可在一定范围内由留学生提供翻译素材的文体及话题，引导留学生将自身感受、经历与中国社会建立联系，增强留学生的直观感受。

翻译课开展思政教学，教师要注重对教学方法的创新。教师可以以灵活多样的形式开展思政教学，提高学生的学习兴趣，调动学生的热情和积极性。例如引导留学生课前以个人或小组的形式自主整理某一话题的相关资料作为翻译素材，提交给教师作为课堂教学资料。通过增加留学生在教学中的参与感，提高留学生对思政内容的兴趣和专注力。另外，教师还可以抛出蕴含思想政治教育内涵的热点话题，布置给留学生进行调查，调查结果可以让留学生通过演讲、小品表演、微视频等形式进行展示，而这些均可以成为翻译教学中翻译技能训练的素材，以此实现翻译技能训练与思政教学的统一。在教学手段方面，可使用微信公众号、小程序、短视频、微课、微博等现代化教学手段辅助教学，提高留学生的兴趣和学习效果。

翻译课开展思政教学，不可操之过急或强行灌输。留学生成长环境及价值取向个性差异较大，学习中文和留学目的也复杂多样。一些留学生对中国历史、文化、社会有一定程度的了解和情感共鸣，也有一些留学生对中国的认知比较少。因此，教学对象对中国的感知程度和对思政教学的接受程度不尽相同。思政教学不宜教条、重复，应充分考虑留学生的认知和情感，掌握好尺度，有针对性地进行，切不可一味单方面讲述和灌输，要以自然的方式和贴近留学生的视角讲述中国故事，以"润物细无声"的方式，自然、合理、巧妙地融入翻译技能训练当中。

三、翻译课思政教学实践

（一）课程总览

日汉翻译基础课是一门面向本科二年级日本留学生的公共选修课，每周2课时，学期总课时为32学时。其教学目标分为两个层次，即翻译技能目标和思政教学目标。

在翻译技能层面，本课程首先通过大量的篇章翻译实践与语言对比，使留学生了解中日两种语言的异同，巩固学过的汉语知识，加深留学生对汉语语法体系、结构特点和表达方式的理解。其次，在篇章翻译过程中使留学生逐步掌握加译、减译、倒译、变译、拆译、意译等基本翻译方法与技巧，从而提高留学生日汉双语的转换能力与翻译水平，为高年级专业的翻译训练奠定基础。

在思政教学层面，本课程有以下几个方面的目标：

首先，充分利用翻译课特点，引导留学生发现和思考中日语言、文化、社会、思维方式、生活习惯等方面存在的共性与差异，使留学生了解中国人"海纳百川、有容乃大、和而不同、兼容并蓄"的理念，引导留学生树立"充分尊重世界文化多样性"的文化价值观，提高留学生跨文化交际能力。

其次，通过翻译训练使留学生更好地了解和感知中国博大精深的历史和文化、先进的发展理念和人民健康向上的精神面貌，加强留学生对现代中国社会全方位、多角度的了解，为留学生展示客观、立体、全面、真实、可爱、可亲的现代中国，讲好中国故事，传播中国声音，培养知华、友华人才。

再次，使留学生更加深入地了解各领域、各个不同历史时期在中日两国友好交往过程中发挥重要作用的代表人物及其典型事迹，使其尽早树立成为中日友好桥梁的理想和目标，以进一步促进新时期的中日友好交流。

为了实现上述课程目标，日汉翻译基础课教材涵盖了中日教育制度、校园生活、节日习俗、餐桌礼仪、社交礼仪、色彩、数字和饮食文化的比较、遣唐使的代表晁衡、中日体育交流的代表福原爱、日本上野动物园的大熊猫、鲁迅与日本教师藤野严九郎、拍摄中国抗"疫"故事的日本纪录片导演竹内亮、日本的"三体热"和中国的"东野圭吾热"等内容。这些话题既贴近来华日本留学生的生活和兴趣点，可以使其了解中日之间的差异和共性，提高他们跨文化交际和理解能力，又可以使他们了解两国友好交往的历史和现状，潜移默化中使他们树立成为中日友好交往桥梁和纽带的人生目标。

（二）教学实践设计

现以日汉翻译基础课的第三课《日语被动句的汉译》为例，探讨翻译课开展思政教学的模式和方法。

1. 教学目标

①使学生了解日语被动句与汉语被动句的异同并掌握日语被动句的汉译规律。

②熟练掌握相关话题的单词和句型，能够就此类话题进行讨论并翻译。

③认识和了解中日友好交往过程中的代表性人物。

2. 翻译文本

本课翻译素材为日本在华纪录片导演竹内亮与日本乒乓球运动员福原爱的对谈记录。通过翻译相关内容，引导学生了解中日友好交往过程中的代表性人物及其故事，自然而然地使学生尽早树立成为中日友好桥梁与纽带的理想与目标。

3. 教学环节

本课程采用混合式教学模式，即在传统教学模式基础之上充分利用新媒体等现代化教学手段的优势，将传统教学模式与线上教学模式相结合。教学环节分为课前准备、课堂教学和课后检测三个阶段，课前、课堂、课后三个教学环节环环相扣，共同构成一个完整的教学过程。在这一过程中，教师将价值观引导自然地融入对学生知识传授和能力培养当中，将思政教学内容贯穿在教学各个环节之中，采用灵活的方式，利用多种途径，实现思政教学与专业教学的统一。

（1）课前准备

在这一环节，将文字资料及音视频资料上传至学习通平台，课前准备阶段为学生布置的任务为观看视频，查阅资料，了解人物背景和中日被动句的分类和异同。

同时，要求学生查阅资料，介绍另一位自己感兴趣的、为中日交流作出过突出贡献的代表性人物，要求语言表述中尽量包含日语被动句，上传至学习通平台。教师对上述资料根据教学需要进行筛选、加工、整理，以备在课堂教学环节作为翻译拓展资料使用。

（2）课堂教学

在课堂教学环节，将学生分为若干学习小组，教师适时以引导者和监督者身份加入各小组，鼓励各小组成员针对词语选择、翻译策略等问题进行分享、交流，在此过程中，进行修改更正，形成本小组最终译文。之后全班一起对翻译素材进行逐句翻译。请每小组派代表汇报各小组所形成的最终译文，各组之间进行比较和互评，使学生之间相互启发、开阔思路，从而提高语言能力和翻译水平以及逻辑分析能力。在此过程中，教师对共性错误和重点内容进行说明和讲解，引导学生进行自我反思和总结。如此，学生在讨论、互评、反思和总结过程中形成系统的知识体系，最后，通过翻译练习及拓展训练，使知识进一步内化。在此过程中，教师适时对思政内容进行拓展，进行价值观引导。

具体步骤为：

①复习（5分钟）。以多种形式复习上节课内容。

②小组讨论（20分钟）。3~4名学生为一组，小组内部讨论课前准备阶段的译文。教师巡视，适时、适度加以引导。小组内经过分享、讨论、协商形成本小组最终译文。

③课文翻译（25分钟）。教师带领学生进行逐句翻译。翻译过程中，各小组派代表分享各小组译文。学生就不同译文进行比较。教师进行最终点评，引导学生总结日语被动句的翻译技巧和规律。教师就课文中出现的代表人物的事例进行简单点评，并对学生进行价值观引导，引导学生树立正确的世界观、人生观、价值观，增进学生的对华感情，鼓励学生将来为社会、为中日友好作出贡献。

④翻译练习（20分钟）。教师利用课前准备的相关语言技能训练例句，请学生翻译。注意例句选取尽量与本课话题内容相符。

⑤拓展训练（25分钟）。从课前布置的作业中根据本课教学目的选出适用于拓展训练的材料，内容为日本遣唐使阿倍仲麻吕的生平介绍，并请其他学生用中文简述各自所查阅资料的主要内容。通过拓展练习，使学生进一步掌握日语被动句的汉译方法和技巧，并使学生了解中日友好交往的历史故事。

⑥小结（3分钟）。总结本课重点内容。

⑦布置作业（2分钟）。试译下一课课文，写出自己对移动支付利弊的看法，并查阅资料了解移动支付在中日两国的发展情况，将相关资料上传至学习通平台。

（3）课后总结

课后及时考查学生对知识点的掌握情况，要求学生反思翻译中出现的问题，重新整理本课译文上传至学习通平台，并要求学生对下一课学习内容进行准备，根据教师要求搜集资料上传至学习通平台。教师密切关注学习通平台中学生提交作业情况，根据下节课翻译技能训练目标和思政教学目标对学生上传资料进行分类、筛选、加工和整理。

4. 教学效果评价

课程思政是课堂教学的一部分，因此对学生学习效果的评价对象不仅包含语言知识与技能的掌握情况，同时也应包括对思政教学的效果评价。与语言知识与技能的评价不同，思政教学的评价标准很难统一，应采取灵活多样的方式进行。教师作为评价主体，通过观察、分析学生课堂表现等了解学生的想法和思想动态。课后可以以问卷调查、访谈等形式适时与学生进行沟通和思想交流，也可通过汉语写作比赛、演讲比赛、朗诵比赛等了解学生的思想情况，对教学效果进行评价。

结　语

翻译课不同于其他语言技能课，具有自身的特点和优势。翻译课教师应提高自身的思政教学能力和意识，将思政教学与翻译技巧训练有机结合起来。通过翻译课的思政教学，使学生正确看待文化差异，树立正确的文化价值观，使其了解母国与中国友好交往的历史和现状，在潜移默化的过程中使学生树立为两国的友好关系贡献力量的理想和目标。总之，翻译课思政教学对培养知华友华的人才具有重要的意义，其方法和路径值得进一步挖掘和探讨。

参 考 文 献

［1］罗艺. 课程思政背景下来华留学生汉语类课程课堂教学改革 ［J］. 云南农业大学学报（社会科学），2021（6）：158-164.

［2］代晶，张均智，覃涛. 来华国际医学生语言文化课程思政教学设计研究 ［J］. 华夏医学，2022（1）：172-176.

［3］韩立冬. 加强留学生汉语言专业翻译教学课程建设 ［J］. 中国高等教育，2022（6）：38-40.

基于教材的初级汉语综合课思政教学探索

彭锦维

（北京语言大学汉语学院）

摘　要　为落实党中央对思政教育工作的重要部署，现阶段课程思政建设在全国各大高校、所有学科专业中全面推进，来华留学生教育也非常重视课程思政的建设。本文以初级汉语综合课为例，尝试在教材中挖掘、提炼思政元素，然后将其融合到教学中，探索将语言专业课教学与思政教学相融合的模式，为留学生其他课程的思政教学积累经验。

关键词　思政教学；初级汉语综合课；教材。

引　言

　　课程思政是一种综合教育理念，它以构建全员、全程、全课程育人格局的形式将各类课程与思想政治理论课同向同行，形成协同效应，把"立德树人"作为教育的根本任务。2020 年教育部印发《高等学校课程思政建设指导纲要》，明确要求在所有高校、所有学科专业全面推进课程思政建设，同时对课程思政建设的目标要求、内容重点、结合专业特点分类推进等进行了细化和指导。高校来华留学生教育虽然有其特殊性，但全员、全程、全课程的育人格局没有变，"立德树人"的根本任务也没有变。在留学生培养的全过程中，一方面要通过课程学习和技能训练让留学生获得扎实丰富的专业知识以及语言交际等能力；另一方面，还要让留学生了解并理解中国的传统文化和现当代发展状况，用潜移默化的方式对留学生的意志品质、心理健康等方面产生积极、正面的引导和促进，实现"知华、友华"且学有所成的教育目标。

　　那么如何在具体的课程中进行思政教学呢？王维丽在《"课程思政"元素融入对外汉语教学的思考》中指出，"课程思政的关键在于找准思想政治教育与课程内容的结合点，以无缝对接和有机融合的方式，潜移默化地帮助学生树立正确的人生观、世界观和价值观，最终实现'化理论为德行''化知识为方法'"。在国际中文教学课程体系中，汉语综合课是主干课程，教学内容包括语音、词汇、语法、汉字等语言文字知识以及中国文化知识，同时也承担汉语交际能力的培养。课程内容丰富，覆盖面广，具有基础性和综合性的特点，是一门能全方位体现中国语言文字和文化特点的课程。本文以初级汉语综合课为例，尝试在教材中挖掘、提炼思政元素，然后将其融入教学中，探索将语言专业课教学与思政教育相融合的教学模式，为留学生其他课程的思政教学积累经验。

一、初级汉语综合课思政教学的实施路径

（一）课堂教学

课堂教学是思政教学的主渠道。2016年习近平总书记在全国高校思想政治工作会议上指出，"要用好课堂教学这个主渠道"。在对来华留学生的培养中，我们也主要通过课堂教学，让学生在学习专业知识的同时接受思想教育。而教材作为教学内容的基本依据，也是课程思政的重要依托。也就是说，思政教学要基于教材，从教材中挖掘思政元素，提炼出爱国情怀、社会责任、文化自信和人文精神等普世精神要素，将其用适当的方法融入教学中，这样做既可以节省教学时间，又可以避免增加学生的学习负担。除利用教材以外，我们还要辅以精心设计的课堂活动，让思政教学既有针对性又有亲和力。

1. 基于教材的思政教学

初级汉语综合课里，我们基于教材可以挖掘和提炼的思政元素不少，尤其是跟中国文化有关的思政元素，将其扩展以后，再以适当方法传达给学生，于潜移默化中影响学生的道德情感、精神品格、价值观、行为习惯等。具体的挖掘内容和教学实施，详见本文第二部分的分析。

2. 教材之外的思政教学

除教材之外，我们还可以设计一些课堂活动作为教材内容的补充。比如：

（1）每日新闻

教师在每次上课之初，给学生讲一则中国新闻。鉴于初级阶段学生的汉语水平有限，新闻最好能用一句话概括：什么时间、什么地点、发生了什么事。新闻的来源选择权威媒体，如中央电视台、人民日报等。教师在介绍时，除了利用图片和文字让学生明白新闻的意思外，还可以播放一段新闻联播中相关新闻的视频、展示人民日报的截图或者链接，让学生逐渐地对中国的主流媒体或者权威媒体也有所认识。这个活动的设计是为了让学生了解时事，引导学生与当下的中国社会建立联系，算是一种国情教育。

（2）每日一句

教师每天可以给学生抄录一句话，内容侧重宣扬健康三观、引导心理成长，如励志类的感悟、蕴意深远的中国诗歌等。这个活动可以和课文内容相结合，比如这几天课文的主题是关于父母和孩子相处之道的，那么每日一句就可以围绕这个主题来挑选句子。这个活动的设计是为了帮助学生了解中华民族的道德价值体系，引导学生养成良好的生活、学习习惯。

（3）节日汉语

根据时令，为学生介绍节日的相关语言表达及文化内涵，包括中国的传统节日、重大纪

念日、国际节日。中国的传统节日具有悠久的历史，反映了特定时代人们的伦理观念和思想智慧，寄托着人们的美好愿望，是中华民族的一种精神符号，也是了解中国传统文化的重要途径。重大纪念日，如学雷锋纪念日（3月5日）、五四青年节（5月4日）、国庆节（10月1日）等，反映了中国人对无私奉献、乐于助人、舍己为人等价值观的肯定，或对中国人民反对帝国主义、封建主义，最终在中国共产党领导下历尽艰辛建立起人民政权这段历史的纪念。另外，还有不少国际节日在中国也颇受重视，如妇女节、劳动节、儿童节等，让学生了解中国为什么过这些节，对他们了解中国近现代历史、中国政府在妇女儿童权益保护方面所做的努力非常有帮助。关于节日的介绍，大致分两种情况：一种是跟课文内容无关，但正逢其时，比如五一劳动节、五四青年节、教师节、重阳节等；另一种是跟课文内容有关，但未逢其时，如春节、元宵节等。与课文内容无关但正逢其时的节日，需要在当天的课堂上花一些时间介绍；与课文内容相关的，则按照课程的安排进行介绍即可。

（二）课外活动

课堂之外可以设计一些活动作为课堂教学的延伸和补充，这些活动在思政教学中的作用不容忽视。

首先它们可以运用和验证课堂所学，增强直观认识。比如采用语言实践、实地采访、文化体验等形式，不仅可以让学生练习用语言交际，提升他们的跨文化交际能力，也让他们通过实地的观察和体验，验证和充实通过课堂或书本得来的对中国文化、中国国情以及中国人的生活习惯、思维方式等的认识，并基于这些认识调整自己原来的认知。

其次可以突破语言水平的限制，深层次理解中国的传统文化、中国现当代状况等。某些话题的理解和讨论有时候囿于学生的汉语水平无法在课堂上展开，这时教师可以充分利用网络资源，推荐或者引导学生寻找合适的网站、网络课程，让学生课下自主学习。这些网络资源不限于汉语，可以使用英语等媒介语或者学生的母语，重在对内容的理解。原则就是内容优先，了解的途径可以多样。

二、基于教材的初级汉语综合课思政教学

（一）初级汉语综合课教材思政元素的挖掘

初级汉语综合课的教学内容包括语音、词汇（汉字）、语法和课文。语音和语法部分在教学时可以在朗读训练和语法例句中适当融入一些思政元素，比如社会主义核心价值观的具体内容都是双音节的，可以融入相应的声、韵、调组合训练中；词汇部分和课文部分比较容易挖掘思政元素，下面以《尔雅中文——初级汉语综合教程》为例来具体说明。这套教材是汉语言专业本科系列教材之一，也是北京语言大学留学生本科一年级汉语综合课使用的主干教材，共4册，分为上册（1、2）和下册（1、2）。

留学生思政教学的内容很丰富，涉及地理、历史、信仰、民俗、符号、文学、艺术、

思想、建筑、科技、教育、道德法律、跨文化交流等，这些元素可以总体归纳为中国传统文化、现代文明、国情、法律法规、国际理解等几个大的方面。笔者系统梳理了上、下册各课的思政元素，具体情况如下：

上册共24课，每课都根据本课的主题设计了"文化阅读"板块，这个板块就是很好的思政教学材料（见表1）。其优势体现在：内容上，介绍优秀的中国传统文化、中国国情是留学生思政教学的重要内容，是"知华"的基础；语言上，教材编写者已充分考虑到学生的语言水平，对阅读材料的语言表达进行了精心组织和处理，且附有检查理解情况的习题，因此是绝佳的教学补充材料。

表1　上册思政元素挖掘点

课号	题目	主题	思政元素挖掘点
第1课	《很高兴认识您》	介绍、相识	中国人的姓名
第2课	《这是我朋友》	介绍、打招呼	中国人的称谓
第3课	《去邮局怎么走》	问路、指路	汉语方位词
第4课	《你想吃中餐还是西餐》	点菜、每日生活	中国菜
第5课	《我们正在包饺子》	邀请、做客	中国的节日
第6课	《昨天你做什么了》	课外生活	中国茶
第7课	《你能帮我买杯咖啡吗》	谈学习	中国的辞书
第8课	《大夫给我开了一些药》	看病	中医与中药
第9课	《那件比这件便宜两百块》	购物	旗袍
第10课	《我每周六学一个小时武术》	周末生活	中国武术
第11课	《我说汉语说得越来越好了》	学习和生活变化	中国的市制单位
第12课	《我想在学校外面租套房子》	租房子	北京的房子和四合院
第13课	《我记错时间了》	机场接人	迎来送往
第14课	《你当过导游吗》	经历、职业	北京的名胜古迹
第15课	《我是前天回来的》	介绍城市	中国的交通
第16课	《我只好走上来了》	谈坏习惯	汉语成语
第17课	《她穿着婚纱真漂亮》	结婚	中国人的婚礼
第18课	《我把旅行箱搬到你房间了》	搬家	中国的历法
第19课	《那边走过来一个人》	网购、介绍房间	中国互联网的发展
第20课	《我把桌子和椅子都摆好了》	做客、做菜	乔迁之喜
第21课	《我一点儿也看不出来》	看京剧	中国的传统戏剧
第22课	《我想一放假就回国》	旅行计划、假期计划	中国的行政区划
第23课	《他被撞倒了》	体育比赛	中国的体育运动
第24课	《想去哪儿就去哪儿》	谈进步	汉语的特点

从表 1 我们看到，上册的思政元素主要涉及：中国传统文化，如中国菜、中国茶、中医与中药、旗袍、中国武术、中国的历法、中国的传统戏剧等；语言文字，如中国的辞书、汉语成语、汉语的特点等；民风民俗，如迎来送往、中国人的婚礼、乔迁之喜等；当代中国国情，如中国的交通、中国互联网的发展、中国的行政区划等。其范围除了中国的法律法规，别的方面基本有所涉及，但因为初级阶段的学生学习的是"生存汉语"，语言水平仅能应付日常生活所需，因此课堂上的思政教学偏重于介绍具有中国特色的文化事物，程度比较浅显。

下册共 18 课，根据课文内容的主题，并结合课文生词，尝试挖掘思政元素（见表 2）。

表 2　下册思政元素挖掘点

课号	题目	主题	思政元素挖掘点
第 1 课	《父亲的爱》	父母之爱	爱的表达
第 2 课	《愿望》	子女之情	每个人都需要肯定和鼓励
第 3 课	《多年父子成兄弟》	相处之道	古代中国父母和子女相处的礼仪（现代仍有实用价值的部分）
第 4 课	《共同经历一场爱情》	爱情故事	人品很重要
第 5 课	《春节回家吗》	传统节日	团圆
第 6 课	《谁家的孩子》	邻里之间	远亲不如近邻
第 7 课	《学习汉语的苦与乐》	汉语学习	做一个终身学习者
第 8 课	《第一被淘汰了》	求职	不断完善自我，才能遇到更好的自己
第 9 课	《名人与高考》	成功	中国的高考
第 10 课	《中国点心》	旅居海外	中国点心和中国的饮食文化
第 11 课	《我染上了中国人的"急"》	体验中国	中国式过马路的变化
第 12 课	《女儿的婚礼》	跨国婚礼	入境问俗和入乡随俗
第 13 课	《中国人的生活观》	生活观念	改革开放的基本情况
第 14 课	《人民币背面的风景》	中国钱币	泰山是中国文化的第一高山
第 15 课	《全世界都爱大熊猫》	中国符号	关于熊猫外交和中国的外交政策
第 16 课	《钱该怎么花》	消费观念	健康消费
第 17 课	《洋快餐与老北京小吃》	传统文化	老北京小吃、传统与现代的碰撞
第 18 课	《微博病》	现代生活	克服手机病

从表 2 我们看到，下册思政元素主要涉及：中国文化，如中国点心、泰山、老北京小吃、团圆等；国情，如高考、中国式过马路的变化、改革开放的基本情况、入境问俗和入乡随俗、中国的外交政策；心理健康疏导、主流价值引导，如爱的表达、每个人都需要肯定和鼓励、人品很重要、做一个终身学习者、不断完善自我、健康消费、克服手机病等。跟上册相比，随着语言水平的提高，下册增加了心理疏导、健康三观和生活习惯的引导等

内容。来华读本科一年级的留学生，大多处在 20 岁左右这个年龄段，依然存在三观塑造、行为习惯培养、心理健康引导的需求。因此除了给他们介绍中国的文化、国情，也要注意为他们增加心理的营养。

（二）具体实施

1. 上册

教师教学时，以文化阅读为主要材料，首先要带领学生读懂材料。为了节约时间，可以先让学生课下阅读，并完成文后的习题。上课时，检查学生的阅读理解情况，然后对材料适当加以扩展，可以采取的方式有：以图片、实物、PPT、视频等为辅助进行介绍、课堂文化体验等。另外，还可以布置学生课外体验、实地参观，比如去茶馆喝茶、参观名胜古迹、学中国武术、穿旗袍、吃中国菜等，然后在课堂上分享，或者写成作文。

2. 下册

教师教学时，有些思政话题可以在处理词汇和课文内容时直接介绍、讨论，比如团圆、外交、改革开放、泰山的文化地位等，这些元素本来就是教材的内容，因此开展思政教学也是自然而然的。除此以外，可以通过"每日一句"活动，将思政元素融入名言警句中，比如关于肯定和鼓励、人品、终身学习、完善自我等话题的名句，对学生进行潜移默化的影响和引导。还可以通过补充阅读材料，比如怎么表达爱、怎么健康消费、怎么克服手机病等，传授知识的同时也引导学生树立正确的价值观，养成健康的生活习惯。

结　语

教师对思政教学的重视是重要保障。正如杨昱华提出的那样，如果教师能够时刻保持"课程思政"的敏锐度，主动挖掘有效素材，制定合适的教学方案，将传播语言知识、培养语言技能、普及文化习俗与中国特色社会主义核心价值观的浸润完美结合，那么国际中文教学的广度和深度一定能够得到很大的提升。

思政教学要重视提高学生的参与度，提倡探究式、合作式学习，以师生互动、生生互动等双向互动代替教师对学生的单向知识灌输。同时要根据实际情况安排文化体验、实地参观等，增强直观体验、减少抽象说教，尽量通过多种途径实现中国国情知识获得和情感情操陶冶的有机结合。

立足于现代，侧重介绍当代中国的国情，介绍中华优秀传统文化对当代中国的影响。习近平总书记在党的十九大报告中明确提出，"要深入挖掘中华优秀传统文化蕴含的思想观念、文化精神、道德规范，结合时代的要求继承创新，让中华文化展现出永久魅力和时代风采。"现在针对留学生的文化介绍多集中在浅层的表象介绍，随着留学生语言水平的提升，我们应该向纵深挖掘，引导留学生探索深层次的文化影响和传承，使他们能更好地理解中国社会的主流价值观和公共道德观念；同时还要让留学生更多了解当代中国的状况，更好地认识和理解中国，进而在跨文化交流、促进国际理解中发挥积极的作用。

参 考 文 献

［1］李怡.“课程思政”背景下高校来华留学生思想教育理念与方式探索——以“中国概况”课程为例［J］.科教导刊，2021（34）：63-66.

［2］罗艺.来华留学生汉语综合课程思政教改实践［J］.红河学院学报，2022，20（1）：143-147.

［3］沈庶英.来华留学课程思政：基于学科交叉的统整建构［J］.教育研究，2021，42（6）：92-99.

［4］王维丽.“课程思政”元素融入对外汉语教学的思考［J］.文教资料，2021（10）：101-102.

［5］魏新红.《尔雅中文——初级汉语综合教程》（上、下）［M］.北京：北京语言大学出版社，2014.

［6］杨昱华.“课程思政”在对外汉语教学中的探索与实践［J］.教育观察，2019，8（13）：98-100.

来华留学专业教学与课程思政融合的认识与举措

张俊萍　　王照敏

（北京语言大学汉语学院）

摘　要　立德树人是高等教育的根本任务，课程思政的建设是实现立德树人的重要举措。国际中文教育的专业教学与课程思政的有机融合，是围绕留学生开展的育人工作。为培养"知华、友华、爱华"的优秀国际人才，将专业汉语课堂打造成传播好中国声音的渠道，就要充分挖掘汉语课程的思政元素，将思政元素有机融入汉语课堂，结合国际中文教育的特殊性，培养新时代的国际人才，充分发挥留学生的桥梁作用。

关键词　国际中文教育；高级汉语综合；课程思政；思政元素。

引　言

2016 年习近平总书记在全国高校思想政治工作会议中指出："要坚持把立德树人作为中心环节，把思想政治工作贯穿教育教学全过程，实现全程育人、全方位育人，努力开创我国高等教育事业发展新局面。"国际中文教育作为高校教育的重要组成部分，是向留学生展示中国教育和中国形象的平台，在教学的过程中我们不仅要让留学生掌握流利的汉语，提高汉语交际能力，还应该思考如何更好地培养"知华、友华、爱华"的优秀留学生，将汉语课堂打造成讲好中国故事、传播好中国声音的渠道，充分利用好留学生这一连接中外的桥梁，向世界展示更加立体、更加真实、更加全面的中国。

一、提升来华留学专业教学与课程思政融合的认识

课程思政的统筹和发展离不开其他各类课程的同向协行，思想政治的教育不能单纯地依托于思想政治理论课，而是要结合其他专业课程的特点。新时期我们应将专业教学与课程思政教学有机融合，扩大课程思政的范围，拓宽课程思政的角度，丰富课程思政的内涵，提高对专业教学与课程思政融合的认识，更好地促成课程思政教学体系的建设，以便高效达成立德树人的目标。

（一）课程思政的理论指导

习近平新时代中国特色社会主义思想、关于教育和立德树人的重要论述是其理论指导。

习近平总书记在全国高校思想政治工作会议上强调，"把思想政治工作贯穿教育教学全过程，开创我国高等教育事业发展新局面"。近几年课程思政教育正围绕"立德树人"的目标全面展开。2017 年《高校思想政治工作质量提升工程实施纲要》（简称《纲要》）中详细地规划了"十大育人"一体化体系，为全方位育人的实施提供了可靠的保障。《纲要》提出"大力推动以'课程思政'为目标的课堂教学改革，优化课程设置，修订专业教材，完善教学设计，加强教学管理，梳理各门专业课程所蕴含的思想政治教育元素和所承载的思想政治教育功能，融入课堂教学各环节，实现思想政治教育与知识体系教育的有机统一"。

课程思政是新时代的新理念、新要求、新任务。思政与专业课知识结合的育人教育不仅适用于中国学生的教育，也适用于培养留学生：潜移默化中加强留学生对中国文化的认同感，增强他们对当代中国特色社会主义思想的理解，培养更多与中国民心相通的文化传播使者。

（二）专业教学与课程思政融合的定位与任务

课程思政是落实立德树人根本任务的战略举措，是把思想政治工作体系贯穿人才培养体系的基本载体，是健全"三全育人"体制机制的重要抓手。

国际中文教育的课堂是课程思政的主要阵地，在来华留学生的专业课堂中进行思政教育是立德树人教育的重要体现，对留学生进行育人教育除了把"三全育人"作为重要的抓手，培养"知华、友华、爱华"的优秀留学生也已逐步成为国际中文教育的关键教育理念。从中国的历史文化、基本国情、价值观念、法律法规等多方面进行课程思政教育，为留学生打造更健全的课程思政教育体系，让留学生在讲好中国故事、传播好中国声音的过程中也发挥作用。

在来华留学专业教学与课程思政的融合中，我们应加深对课程思政的认识，从技术、理念、制度几个层面进行理解。技术层面，充分发挥教学技术的作用，运用新媒体技术充分调动留学生的积极性和参与感，为课程思政注入生机与活力，同时利用现代信息技术为留学生提供个性化的服务，有利于留学生在课程思政中发挥主观能动性；理念层面，将汉语课堂打造成育人教育的主要渠道，在专业课教学中自然地融入思政元素，在教学的各个环节中融入课程思政的内容，在潜移默化中完成对留学生的思想政治教育；制度层面，思想政治工作体系应贯通高水平人才培养体系，在高等学校课程思政建设体系的基础之上尽快打造适合国际中文教育的来华留学生本科课程思政建设体系，为高校国际中文教育的课程思政提供新方法、新思路。

（三）教师在专业教学与课程思政融合中的能动作用

习近平总书记曾强调"教师是人类灵魂的工程师，承担着神圣使命。传道者自己首先要明道、信道"。课程思政建设的主要渠道在于课堂，如何将思政元素融入课堂，如何挖掘课堂中的思政元素是教师需要具备的重要能力，教师应坚持教育者先受教育的理念，在课程思政中充分发挥教师的能动作用，打造鲜活的思政课堂。

各个高校课程思政建设应着力提升教师课程思政的能力，促进专业教学与思政元素的融合，聚焦帮助教师解决"想干不会干"的困惑，为思政教育的开展提供教学方法与技巧；培养一批优秀的思政教师，为课程思政教育的开展树立模范作用，为其他教师提供解惑的思路。

在课程思政教学的过程中，教师应牢记"润物细无声"的原则，避免"硬融入"，要将思政元素有机融入教学过程、教学内容、教学测评、课堂讨论、课后作业等方面，以利于学生接受的方式实现立德树人。

二、专业教学与课程思政融合的两项基本功

教师要做到"润物细无声"的原则，就需要围绕"做人做事的基本道理、社会主义核心价值观的要求、实现民族复兴的理想和责任"来挖掘所教授课程自身蕴含的思政元素，再将思政元素有机融入课堂教学。下面以高级汉语综合课为例分析。

（一）挖掘课程的思政元素

国际中文教育本科专业核心课程"高级汉语综合"依托的教材是马树德主编的《现代汉语高级教程》系列教材，共上中下三册。其所选课文以当代作品为主，涉及社会生活各方面，体裁多样，能体现不同的语言风格，能从多个角度帮助学生了解中国、认识中国。

该教材首先在文化方面，让学生从中国的经典文学、传统中医药文化、社会制度文化等多个角度了解中国的文化底蕴及中国文化的发展历程，让学生通过具体的事例和环境了解中国不同发展阶段人们的思想意识，理解中国文明能够源远流长的原因，让学生在汉语学习的过程中理解、认同中国文化。其次在哲学思想方面，从古到今向学生展示中国深厚的哲学观，了解孟子的治国思想和政治策略，理解冯友兰的哲学观点，了解中国古代辩证法，认识当代中国的道德观念，向学生展示中国的思维方式，理解中国文化的特殊之处，培养更多具有中国思维的国际人才。最后在语言文字方面，从汉语语音、词汇、语法的特点出发阐述中国语言的特点，从语言本身出发了解中国文明的延续性，从而提升学习汉语的兴趣。

在诸多的课文中挖掘适合学生水平的思政元素，需要教师进行全面深入的思考，一方面要考虑学生的学习水平和接受能力，另一方面还要挖掘贴合文本内容、符合中国国情的思政元素，使学生在学习的过程中不仅能了解中国的历史发展，还能与时俱进地理解当代中国的社会体系。这就要求教师要提升自身的思想认识，除了牢固掌握好本专业的知识，还应提高对外部世界的认识，在备课的过程中要对教学的内容不断进行梳理，加强对教学

内容的理解和认识，将自己的真实感悟传递给学生。

以四年级教材《现代汉语高级教程》（下册）为例，教师应如何挖掘课文的思政元素呢？比如第一课《到巴金花园去》讲述了特殊时代背景下三位少年受巴金的作品《家》的影响走向人生正路的故事，笔者借此引导学生体会经典文学作品，如巴金的《家》对人的精神世界的引领作用。通过小说《家》引导学生了解一百年前半殖民地半封建的中国仕宦之家中封建礼教的残酷、封建大家庭中年轻人的婚恋悲剧，深入了解那个时期中国社会的家国关系以及年轻一代对旧制度的反抗与追求进步、创造一个新社会的努力。第二课《一流人才从哪里来》以冯友兰先生有关"人生成功须具有的三要素：天才、努力、命"的观点展开讨论，文章涉及中国的"士"文化。因此笔者一方面让学生加深对课文中作者和冯友兰所谈的"命"和"人才"的关系的理解，另一方面引导学生了解中国古代"士"文化，理解"中国古代的士人，也都是有志于社会的改革与进步的，而且大都有一种坚韧的意志"的意思，并简要了解孟子的治国思想和政治策略。第四课《等》讲述了兄妹几人主要的求学、工作经历，说明了母亲的教育方法及其对子女的影响，传递"国重于家"、小我融入大我的爱国主义精神及爱岗敬业的奉献精神，帮助学生理解中国社会主义道德观念的两大核心内容——爱国与爱岗，结合课文内容理解习近平总书记提出的"注重家庭、注重家教、注重家风建设"的理念，这些都有助于学生了解新时代中国特色社会主义思想。第七课《汉语简论》从汉语词汇和语法的特点入手，让学生学会用辩证唯物主义思想来认识事物，了解中国古代的辩证法，学会用发展的观点来认识世界。比如词汇的发展是与社会的发展紧密联系的，由此来介绍中国经济的发展、社会主义核心价值观等。从世界不同类型的语言入手，引导学生深刻认识语言文字是一个民族独特的精神标识和文化印记，通过对比世界不同语言的特点，树立文化自信，既不能妄自菲薄，也不能妄自尊大。

（二）有机融入课堂教学

将思政元素有机融入汉语课堂教学的过程，对教师的教学方法和技巧提出了更高的要求，教师需要改变传统的教学方式，在挖掘出思政元素后采用多元化的教学方法，充分利用多媒体教学资源，让学生在课内、课外都能接受到思政元素，将思政元素贯穿教学的始终。如何有效地发挥思政元素的作用，怎样更好地将思政元素融入课堂，如何调动学生的参与程度是教师要不断思考的问题。教师将思政元素有机融入课堂教学时需要根据学生的基本情况、学习水平、学习能力等综合情况，结合课文内容制定合适的教学方案，在思政元素的融入过程中要积极引导学生思考，调动学生的参与度，努力做到教师和学生的双向融入，在课程思政教育中使教师和学生相互促进、共同进步。

下面以《现代汉语高级教程》（下册）第三课《悬壶日志》为例，展示课文内容与思政课堂融合的教学过程。本课的思政要点有二：一是传递"敬佑生命、救死扶伤、甘于奉献、大爱无疆"、始终把病人放在第一位的医者精神；二是理解习近平总书记"中医药是中华民族的瑰宝""坚持中西医并重，推动中医药和西医药相互补充、协调发展"的理念。教学过程分为课前、课中和课后三个阶段，每一阶段都通过不同的方式融入思政元素。

课前阶段，给学生发送预习任务清单并通过北京语言大学的智慧教育平台向学生发送二维码，引导学生预习课文，收集学生的疑难困惑。任务清单如下：

①了解作者：阅读课文第 60 页的"作者简介"。

②查资料报告：学生自愿分组，在教师给出的 6 个主题中，分组讨论并在课堂中汇报（见表 1）。

表 1 《悬壶日志》课堂汇报主题

主题 1	中医（基本理论、治疗方法、发展历史等）
主题 2	西医（基本理论、治疗方法、发展历史等）
主题 3	与"敬佑生命、救死扶伤"的医者精神有关的论述
主题 4	扁鹊、华佗简介
主题 5	张仲景、李时珍的生平和医学贡献等
主题 6	与"坚持中西医并重，推动中医药和西医药相互补充、协调发展"有关的论述

教师以任务清单的方式率先为学生开辟思政学习的道路，让学生自主了解中医文化，了解中医文化的发展历程和基本理论，认识中国历史上的著名医者，并让学生根据自己的国家的医药特点，从对比的角度了解中医与其他医学的不同，在求同存异中深入地理解中国传统中医文化。采用先小组讨论、后全班汇报的方式将思政内容与课文内容有机融合，在实践的过程中我们发现这种方式的教学学生很乐于接受，学习的积极性和课堂参与度很高，甚至产生了意想不到的效果。

在课堂汇报的过程中，学生能根据自己的理解从不同的角度谈对中医的看法，一些学生已经能提前理解课文所传达出的思政观念。留学生在课堂汇报的过程中通过课前的资料查阅和讨论已经体悟到了中华民族的智慧，并肯定了中国医护人员在新冠疫情中对中国乃至世界的贡献，在对中医的理解过程中学生认识到了中医的特殊之处，结合生活实例感受到了"敬佑生命、救死扶伤、甘于奉献、大爱无疆"的医者精神（见图 1）。

图 1 留学生潘氏玉欣的查资料汇报 PPT 截图

课中阶段，教师在课堂导入阶段向学生简单介绍中医学的哲学基础、主导思想、诊疗特点，并引导学生回顾之前学习的文章，理解中医整体观念和辨证论治的基本特点，帮助学生了解课文背景知识，为接下来课文学习过程中思政元素的引入埋下伏笔。在讲解课文的过程中，教师会率先让学生根据提示复述文章内容，如：

（1）日志5

……省亲，父子两人谈论……，先生不拒……先进，又固守自己中医的先进。在抢救乙脑病毒感染者时，先生……。先生的儿子忆及……，我深感……，同时也为中医学的发展……。

（2）日志6

病人……，可……每况愈下。

先生并不急于……，之后先生让我诊脉开方，我主张……，……，可能会……。

而先生却问病人：……，还是……？——鱼和熊掌二者……。

"若要药，……；若要祛病，……便……。"

病人选择"……"。

先生教育我应"真心治病，真正对……"。

真诚的人心会有真诚的认识回报。（《现代汉语高级教程》（下册）第三课《悬壶日志》）

根据课文内容适当地提出问题，让学生结合课文内容体会文章表达的思想。如在讲解日志5中由先生儿子省亲所引起的"父子之争"引导学生思考"中西医的区别"，通过周先生"不排斥外来的先进，又固守自己的先进"抢救乙脑病毒感染者的出诊经历，帮助学生理解"中医药是中华民族的瑰宝""坚持中西医并重，推动中医药和西医药相互补充、协调发展"的理念。从日志6周先生为部长诊治说的"真心治病，真正对病人负责"这句话中引出学生对医者精神的理解。

课中的思政教学在保证汉语基础知识的教学之上，教师可以适当地根据教学的内容引出思政元素，引导学生结合文章内容展开讨论，在潜移默化中将思政元素融入学生的学习，力求达到思政元素与讲课过程浑然一体，无缝衔接是最高境界。

课后阶段，主要是将思政元素融入作业环节，通过布置作业（见下面的"复习思考题"），一方面让学生在课后加强对课文内容的理解，同时将课堂学习的内容进一步升华，循序渐进地提出更深层次的思政问题。在完成本课的学习后我们通过发放朗读二维码（见图2）的方式让学生回顾课文的内容，对课堂中的思政问题进行深入的理解和思考。

复习思考题：

①最初行医时什么事给了"我"深刻的教训？

②先生对中、西医的区别与中医学的未来怎么看？想到中医学的高妙之处，"我"为

什么有一种"难言的悲壮感"？

③结合文章内容深入思考：

第5和第6篇日志中名医周义芳的哪些做法和看法体现了"敬佑生命、大爱无疆、始终把病人放在第一位的医者精神"？

课后复习《悬壶日志》概括
与朗读训练04，共两题

图2　课后复习思考题的融课件二维码

在将思政元素有机融入课堂的教学中，教师要学会灵活运用各种教学方法，将思政元素融入教学的各个环节，"润物细无声"中感染学生、调动学生，在融合的过程中充分发挥教师和学生双方的能动性，让学生在参与中完成思政内容的学习，在轻松愉快的氛围中实现思政元素的双向融合，使思政元素与课文融为一体，在无形中完成课程思政育人的教学目标。

三、专业教学与课程思政融合的建议

高校专业教学与课程思政的有机融合离不开高校各级组织的努力，实现课程思政一体化，推进课程思政建设需要高校构建完善的思想政治工作体系。

课程思政建设要想全面推进需要有切实的举措，在学校的平台建设方面：首先，高校可引领优秀的思政教师辅导专业课教师进行课程思政教学的研究，成立专门的课程思政教学研究中心，将专业课的教学与思政教学紧密结合；其次，高校可为师生搭建合适的思政资源平台和展示平台，让思政元素真正地融入师生的日常工作和学习生活中，让教师思政教学有章可循，让学生学习有资源导向，调动学生思政学习的积极性；最后，高校还应为课堂思政教学提供强有力的保障，制定专业人才培养方案，提出专业的思政总要求，针对不同的专业特点制定个性化的思政培养方案等，形成各专业系统性、一体化的培养特色。

为了实现课程门门有思政、教师人人讲育人的教学理念，高校内部需发挥各级党组织的作用，把立德树人作为根本的教学任务，各级党组织承担一定作用，促进教师成为思政建设的推动者，将课堂真正打造成思政教育的主渠道，形成溢出效应，带动更多师生关注专业课程中的思政元素；积极主动地探索新时代思政课程的建设方法，拓展课程思政建设的途径，促进建设全方位的育人体制，以实现立德树人的教育目标。

参 考 文 献

[1] 韩宪洲. 深化"课程思政"建设需要着力把握的几个关键问题 [J]. 北京联合大学学

报（人文社会科学版），2019，17（2）：1-6+15.

［2］韩宪洲. 课程思政方法论探析——以北京联合大学为例［J］. 北京联合大学学报（人文社会科学版），2020，18（2）：1-6.

［3］韩宪洲. 以课程思政推进师德师风建设的内在逻辑与现实路径［J］. 思想理论教育导刊，2021（7）：123-127.

［4］马树德. 现代汉语高级教程：下册［M］. 2版. 北京：北京语言大学出版社，2013.

［5］吴晶，胡浩. 习近平在全国高校思想政治工作会议上强调 把思想政治工作贯穿教育教学全过程 开创我国高等教育事业发展新局面［J］. 中国高等教育，2016（24）：5-7.

［6］中共教育部党组. 中共教育部党组关于印发《高校思想政治工作质量提升工程实施纲要》的通知［J］. 民办教育新观察，2017（12）：75-80.

课程思政教学模式研究

OBE 理念在课程思政教学中的实施途径
——以中国国情与社会课为例

史艳岚

（北京语言大学汉语学院）

摘　要　OBE 理念是一种以学生为中心的成果导向教育理念，在课程思政教学中具有引导性和实效性。本文首先概述了 OBE 理念的核心内容、特点和实践意义；其次以中国国情与社会课为例阐述了 OBE 理念在课程思政教学中的实施途径：以 OBE 理念为基础进行课程设计，根据学生的实际情况确定教学目标，以教学成果为导向调整教学过程、师生互动的教学评价；再次探索分析如何在 OBE 理念的引导下不断修正和完善教学目标和教学过程，从而达到使学生在目标明确的前提下润物细无声地获得思政学习的效果；最后对课程思政的效果进行了反思。

关键词　OBE 理念；成果导向；课程思政；以学生为中心。

引　言

国际中文教育在今天已经形成了较为完备的教学体系、教学内容和教学方法，培养了大量国际化专业人才，几十年来无数海内外莘莘学子成为联通中外的纽带和桥梁。随着综合国力的提升，新时代的中国对汉语教学和中华文化传播提出了新的目标和要求。习近平总书记强调要"坚定文化自信，推动中华优秀传统文化创造性转化、创新性发展""加强国际传播能力建设，展示真实、立体、全面的中国""着力提高国际传播影响力、中华文化感召力、中国形象亲和力、中国话语说服力、国际舆论引导力""讲好中国故事，传播好中国声音"。国际中文教育的目标是培养知华友华爱华的留学生，使他们具备跨文化交际能力，成为未来的海外本土汉语教师或者政治、经济、文化、教育、军事等各领域的国际化专门人才。2021 年发布的《国际中文教育用中国文化和国情教学参考框架》指出，高级汉语阶段（大学及成人）要求留学生掌握社会生活、传统文化、当代中国的知识，其中当代中国部分包括地理、人口与民族、政治、经济、社保、教育、语言文字、文学艺术、科技、传媒、对外交流等方面。北京语言大学面向留学生的通识课"中国国情与社会"就是以上述"参考框架"为内容基础，以 OBE 理念为引导，打造课程思政的新课堂。

一、OBE 理念和课程思政

（一）OBE 理念

OBE（Outcome Based Education，OBE）又称为成果导向教育、能力导向教育、目标导向教育或需求导向教育。OBE 是指教学设计和教学实施的目标是使学生通过教育过程最后取得学习成果（Learning Outcomes）。OBE 强调四个问题：我们想让学生取得的学习成果是什么？为什么要让学生取得这样的学习成果？如何有效地帮助学生取得学习成果？如何知道学生已经取得了这些学习成果？这里的学习成果指的是学生通过某一阶段学习后所能达到的最大能力。成果不仅是知识和内容，也包括应用于实际的能力，以及可能涉及的价值观或其他情感因素。OBE 的两个重要条件是描绘成果蓝图和创设成功环境，以帮助学生达到预期最大化的成果，强调个性化评定和培养核心能力。OBE 要求教师先明确学习成果，制定多元弹性的个性化学习要求，让学生通过学习过程完成自我实现的挑战，再将成果反馈来改进原有的课程设计和教学。OBE 理念的效果见图 1。

学生中心　　产出导向（学习成果）

持续改进

图 1　OBE 理念的效果

OBE 理念是一种以成果为目标导向，以学生为本的课程体系的建设理念，其特点是：

①成果是学生经过所有学习过程后获得的最终结果。

②成果是学生内化到其心灵深处的过程历程。

③成果包括学习内容、实践能力以及价值观、情感。

④成果接近"学生真实学习经验"，存续性高。

⑤成果兼顾生活的重要内容和技能，注重实用性。

⑥"最终成果"是综合学习过程的结果，过程型评价和结果性评价相结合，全面考察学生的能力。

因此需要按照反向设计原则设计课程，并分阶段对阶段性成果进行评价。在实际的教学工作中，首先清楚学生在完成学习过程后能达成的最终学习成果，将成果分阶段设计，并让学生将他们的学习目标聚焦在这些学习成果上。学习成果就是课程、教学、评价的设计与执行的起点，与所有的学习阶段紧密结合。

OBE 理念的实践意义就是以学生为本、以结果为目标导向。课程的"逆向设计"包括：确定学习成果、构建课程体系、确定教学策略、自我参照评价、逐级达到顶峰。顶峰成果和预期学习成果越接近，效果越好。

（二）中国国情与社会课的课程思政

中国国情和社会课是为留学生开设的一门通识课。课程以学生的全面发展为出发点，使学生通晓中国国情国力、具有分析问题能力、具备跨文化交际能力。课程以思政教育为目标，以提高国际学生的综合素养和学科视野为宗旨，全面介绍中国国情和社会，使学生能深入了解真正的中国，理解中国核心价值观，树立起正确、积极的中国观。鼓励学生对比中国和世界的情况，促进国际学生之间的互相沟通和交流。授课内容将习近平治国理政思想系统地融汇于教学文本之中。课程通过视听说等多模态的输入和输出，以润物细无声的方式，让学生从多角度多方面立体化理解中国、认识中国，充分了解中国国情，知晓中国政府治国方略，成为具有中国视角、融通中外、具有国际传播能力的高水平国际中文人才。课程内容包括中国人文地理、中国历史的重要人物和事件、人口和民族、中国的政治体制、中国经济发展的成就和问题、环境保护、教育改革、人民生活、"一带一路"、中国梦、中国走向世界等，学生通过讨论、演讲、小组报告等形式参与课堂活动。学习本课程既能加深留学生对中国当前国情和社会的认识，又能切实训练留学生的口语表达能力，同时提高留学生在多元文化背景下的跨文化交际能力。

课程立足于当代中国，是"讲好中国故事，传播好中国声音"的课堂实践，从课程设计开始就基于目标导向教育理念，以学生为本，以教育成果为目标，建设完整的课程体系，力求能使学生掌握当代中国各方面的最新国情和社会的情况，能够流畅自如地描述中国现实情况，并且能充分表达自己的观点。我们的教育目标是：这些将来会成为海外本土教师的留学生能具备把当代中国的面貌真实地传达到海外的能力。围绕这个基本目标，课程将中国政府治国方略、国家概况、新发展理念、传统文化的现代表达、人类命运共同体等话题设定为课程思政的成果主题，结合留学生的特点、兴趣和需求，设定课程内容大纲，注重实用性，引导留学生自主学习，实现过程性评价和结果性评价相结合。因此 OBE 理念对课程思政有着重要指导意义。

在 OBE 理念指导下的课程思政教育传播社会主义核心价值观，把语言和国情文化有机融合，呈现中国特色社会主义的文化自信，突出主流价值。授课过程中自然融合思政话语与专业话语，使核心价值观的传播与国情教育结合起来，达到"润物细无声"的思政教育效果。中国国情与社会课程较全面地反映了中国国情、党和国家的重大方针政策、经济和社会文化成就，思政教育和国情教育合二为一，达到引领社会主义核心价值观与传授国情知识的双重目的。在课程的内容设置上，按照习近平总书记在哲学社会科学工作座谈会上指出的"立足中国、借鉴国外、挖掘历史、把握当代、关怀人类、面向未来"的方针，既介绍中国国情的具体内容，又扩大视野，放在世界发展的大格局中去讨论，使不同国家的学生之间进行跨文化交际的实践，探讨中国和世界相关的话题。

课程采用的是视听说的教学模式，教师选取中央电视台、新华社、中国日报社等国家媒体中的视频，录制并制作成视频片段，成为一个可视化的国情案例。在课堂上播放这些可视化国情案例的时候，结合国内外最新的报道，围绕具体案例，进行情境化讨论。在期中和期末要求学生搜集最新的中国国情素材、准备国情报告，学生在自我探究中发现社会热点和最新国情资料，并且进行分析和思考，提高语言能力，从而实现理解中国、认识中国的课程思政目标。

二、OBE 理念在课程思政教学中的实施途径

当前的国际环境使国际中文教育面临着新的挑战。由于西方媒体具有强大的话语权，中国形象被刻意扭曲、丑化，外国受众被动接受针对中国的谎言和臆想，在无意识中形成了对中国的刻板印象。虽然刻板印象和偏见一旦形成就不易消除，但只要外国学生亲自来到中国学习语言和文化，就会彻底改变他们以前对中国的印象。因此国际中文教育承担着塑造中国新形象的责任。中国国情和社会课就是直接把真实的中国新发展、新面貌展示给留学生，引导留学生进行跨文化对比和跨文化交际，因此有必要从培养目标、教学方法、教学内容、教学设计、学习评价体系等方面探讨留学生课程思政的实现途径。根据课程思政的要求，编写中国国情与社会课程大纲，为教师开展课程思政的教学活动提供指导和提出明确的要求，同时加强教学模式、教学内容和学习评价体系的建设。

目前中国国情与社会课程是线上为主、线下为辅的混合式教学。该教学模式既能满足学生对课程线上学习的需求，又给学生提供线下泛在学习的资源，能更好地提升学生的学习兴趣。借助雨课堂和腾讯会议这样的互联网教学平台，教师提前做好教学工作，按时在线发布相关的教学视频，组织学生参与线上线下学习活动完成各项任务。这样的教学模式一方面能借助大量的网络资源进行教学，丰富课程内容；另一方面，打破了传统课堂的局限性，学生可以在适当的条件下随时随地进行学习，学生能获得课堂学习的主动权，很好地培养自学意识和能力，并将所学知识内化吸收。

OBE 理念主张成果导向教育，能够衡量学生的学习能力。教师首先要清楚地设置学习目标，针对学生进行个性化的设计，扩大学生成功的机会，提高对学生的期待，鼓励深度学习，并以最终目标为起点进行反向设计开展教学活动。OBE 理念在中国国情与社会课程思政教学中的实施途径如下：

（一）以 OBE 理念为基础进行课程设计

以目标成果为导向来设计课程大纲。课程思政目标是课程的指南，中国国情和社会课的思政目标就是：立德树人、培养通晓中国语言和文化的国际人才。课程将《习近平谈治国理政》的核心要义融入课程内容中，使学生通过对中国国情和社会情况的全面而深入的掌握来理解中国治国理念的基本内涵。用大量的事实和数据来展现中国特色社会主义道路自信、理论自信、制度自信和文化自信，中国在全面建设小康社会、经济发展、科技进

步、消除贫困、教育改革、文化繁荣、生活方式的转变等各方面取得的伟大的历史成就，以及社会主义核心价值观的有效普及和提倡，这对学生的知识积累、能力培养和未来发展会有很好的促进作用。因此中国国情和社会课程思政的总纲就是了解中国共产党、中国政府的治国理念，深入理解社会主义核心价值观，认识当代中国的新面貌。

（二）根据学生的实际情况确定教学目标

中国国情与社会课程的目标学生是中高级汉语水平的学生，本科生、进修生、短期生等各种类型的学生都可以选修这门课，因此教学目标要有针对性。首先对所有选课的学生来说，第一个目标是让他们了解中国国情国力的最新信息和调查报告，直接掌握中国社会的第一手资料，拓宽他们在中国国情和社会方面的知识面，认识真正的中国。第二个目标是习近平治国理政思想进课堂。留学生通过对习近平治国理政思想的学习，知晓中国政府治国方略和今后的发展方向，真正了解中国国情和社会，为将来从事和中国相关的政治、经济、文化、教育等方面的工作起到积极的作用。第三个目标是通过线上线下的学习和语言实践活动，增强学生表述中国问题的能力。即能够对中国国情有正确的理解和认识，有一定的分析和概括能力，表达自己的看法和观点。对于不同类型的学生，短期生和进修生的上课时长有限，能达到前两个目标就可以了，本科留学生则要同时达到三个目标。从评价的角度而言，短期生和进修生能够完成各课的练习题，掌握各个话题的内容，提交国情书面报告即可。而本科留学生除了上述过程性评价，还要完成国情口语报告。根据学生的实际汉语水平确定教学目标，确保绝大多数学生都能达到既定标准，具备高级汉语的语言水平和文化水平。对于学习能力比较强、综合素质好的学生，鼓励他们挖掘自己的潜力，期待他们达到更高的水平。除了一般标准，还要制定具有挑战性的执行标准，增设高水平课程，鼓励学生深度学习、广度学习，以期达到学习能力高峰。总体而言，在 OBE 理念引导下的课程思政教学既不会让学生掉队，又能激励学有余力的学生向更高的目标迈进。

（三）以教学成果为导向调整教学过程

在党的十九大报告中，习近平总书记明确提出"讲好中国故事，展现真实、立体、全面的中国，提高国家文化软实力"的要求。2020 年 5 月，教育部印发的《高等学校课程思政建设指导纲要》指出，课程思政建设工作要围绕全面提高人才培养能力这个核心点，在全国所有高校、所有学科专业全面推进，促使课程思政的理念形成广泛共识。在课程思政基本理念的导向下，把国情文化、思想和语言知识融合起来，有助于提高课程的教学效率和育人质量，有助于留学生了解中国国情，成为未来的"中国通"。留学生培养的教学成果就是他们能讲好中国故事、展示中国形象、扩大中国影响力。

教师首先以教学成果为导向设计教学大纲和每节课的目标，帮助学生制定学习蓝图。阶段性展示学习成果，包括口语表达、书面文章、录制音频视频等。组成学习小组，互相帮助，促进扎扎实实掌握每一个知识点，乐于分享学习成果。在学习过程中不让一个人掉队，对由于时差不能按时上课的学生允许他们课下看课堂回放，按时完成课堂练习。课程设计与教学充分考虑每个学生的个体差异，在时间和资源上保障每个学生都有达成学习成果的机会。所有的课程资源都在雨课堂上存储，学生可以自由提取打开文件。在学习时间和学习空间上给学生更多的自由。让学生每个阶段都有收获，达到学习预期。尝试"学生线上自主学习+教师线下精讲+师生互动研讨"的混合式教学改革，课前线上自学和互动讨论，课中精讲和答疑解惑，课后反思和问卷反馈，达到交互式学习的效果。期中和期末的两次国情报告都是以教学成果为导向的体现，整个教学过程就是为了能让学生自主展现真实、立体、全面的中国，树立中国新形象。

（四）师生互动的教学评价

把课程思政教学进行反向设计：以最终目标（最终学习成果或顶峰成果）为起点，反向进行课程设计，开展教学活动。教学的出发点是要达成高峰成果需要采取什么措施。比如为了让学生全面了解中国国情，就要从中国政府的白皮书、外交部新闻发布会、中央电视台的《新闻联播》《焦点访谈》等资源中截取有效信息传达给学生。反向设计要符合学生的实际水平，适量拔高。在教学的过程中根据学生的实际情况逐渐增加或降低课程难度，以达到最佳教学效果。视频与文本的长短、难易度可以随时根据学生的实际情况调整。教师对学生要有适当的评价，任何一个小的进步都值得鼓励，这也体现了教学的互动性。网络学习评价的功能在于及时反馈和监控学习，帮助学生调整学习进度、态度以及方法，逐渐养成自主学习的习惯，自觉完成预设定学习目标。

中国国情与社会课程实施阶段性评价。把实现成果的过程分成若干阶段性任务，学生每完成一个任务就会有成就感、获得感，从而有利于进入下一个阶段的学习。对学生进行有针对性的阶段性评价。比如课程一共设计了十二个单元的内容，每个单元都有课前预习题、课中练习题和课后思考题，练习简明扼要、中心突出，体现了课程的核心内容。除了知识性的客观题，还有推动学生积极思考的主观题。当学生完成了每一个目标小任务都会得到相应的评价分数，持续的激励会推动学生不断进行新的挑战，从而完成所有的单元任务，得到相应的评价。教师可以准确把握每名学生的学习轨迹，及时了解每个学生的目标、基础和进程。目前我们使用雨课堂教学平台能较好地达到学生的个性化学习，平台能够呈现每个学生的学习过程和阶段性成绩，师生可以随时沟通，教师可以及时帮助学生解决问题，从而较好地引导学生完成各项任务。

在OBE理念下设计总体方案，构建教学体系，确定教学策略，分阶段设置教学目标，使学生的学习成果逐级达到高峰。强调研究型教学模式以及个性化教学，将学生的学习进程划分成不同的阶段，并确定出每阶段的学习目标，具有不同学习能力的学生将用不同时间、通过不同途径和方式，达到同一目标。总之，OBE理念将以学生为中心、以教师为指导的原则贯穿在思政教学过程的始终，在OBE理念的引导下不断修正和完善教学目标和教学过程，使学生在目标明确的前提下进行思政学习。

三、在 OBE 理念下对课程思政教学的进一步探索

以成果为导向的 OBE 理念有效助力课程思政教学。目前中国国情与社会课程的国情报告聚焦中国的政治、经济、科技、环保、教育、生活、中医药等各个方面，从自己主动获得的第一手资料中认识到了当代中国的崭新形象，达到了课程思政的目的。课程思政的目标有阶段性，现阶段我们用中国国情与社会这门通识课给留学生打好了解中国、认识中国的基础，下一阶段要进一步推进中国文化课的课程思政建设，在传播中国现当代文化同时注重传授中国传统文化，传承复兴中国传统文化的基因，把中国精神、中国文化自信、中国文化的传统基因同社会主义国家的建设和发展紧密地联系起来。

课程思政的内容十分广泛，包括政治经济、社会文化、国际外交等各个层面，在突出时代性、实用性和趣味性的同时，也要呈现中国传统文化的现代意义。比如当前新型大国关系是"亲、诚、惠、容"。中国儒家思想中，"修身、齐家、治国、平天下"一直引导着中国人培养君子之德、治国之道以及"天下观"。"穷则独善其身，达则兼济天下"也是中国人的内在价值观，当中国国力达到一定的水平，人民生活都上升到发达富裕的程度，就会帮助发展中国家共同进步，中国的国际影响力也会相应提高。中国特色的大国外交就是在保证内外安全的基础上，可以承担相应的国际责任。参加多场外交峰会，让世界听到中国的声音，结交更多的战略伙伴；APEC 会议、东亚会议、G20 峰会、金砖会议都体现了中国的影响力；在应对全球变暖、环境污染、资源短缺、粮食危机等方面中国有能力作出贡献。有了这些课程思政内容做基础，就可以自然地传递出中国政府治国策略和社会主义核心价值观，从而实现"讲好中国故事，传播好中国声音"。

国际中文教育在专业课、文化课的主题选择、内容控制、教学环节、教学评价等方面都要进行课程思政的教学改革，探讨国际中文教育课程思政的有效措施和模式。课程思政教学改革既有必要性也有可行性。我们可以通过提高留学生的汉语语言能力、汉语交际能力、汉语综合运用能力来培养留学生利用目标语进行跨文化交际的能力；从课程中提供的语言、文化、社会、国情知识中主动思考当前热点的国内和国际问题，将正确的世界观、人生观、价值观引入课堂教学，把课程思政融入语言、文化教学，让留学生对中国历史、哲学、政治、经济、社会现象等更加感兴趣。要注意不能生硬地移植政治理论，而要从现实的案例出发，从当代的热点问题出发，引发留学生进行积极的思考和分析，主动与自己国家的文化和国情相比较，进行生动活泼的课堂讨论，让课堂成为所有留学生都积极参与的"小小联合国"，这样会显著提升教学效果。

结　语

国际中文教育以专业技能知识为载体，通过融入课程思政培养知华友华爱华的国际人才。外语研究与教学出版社 2022 年 8 月出版了高等学校"理解当代中国"国际中文系列

教材《高级中文听说教程》，融合了治国理政方略、中国国情、社会文化各方面的内容。我们将这本教材作为中国国情与社会课程的主体教材，同时补充最新的时政报道和新闻视频。在 OBE 理念的指引下以教学成果为导向，将课堂讲授与课堂讨论、线上线下互动等方式结合起来，引导留学生获得丰富的国情资料，积极思考，参与课堂练习和讨论，激发主动学习的兴趣和热情。在成果导向的指引下留学生通过自我评估完成各阶段学习任务达到顶峰学习成果，能讲述中国梦、人民至上、新时代中国人的价值追求、依法治国、经济高质量发展、乡村振兴、科技创新、教育改革、文化的传承和创新、绿色低碳、一带一路、人类命运共同体等核心观点，从而有效实现课程思政的教育目标。

参 考 文 献

[1] 教育部中外语言交流合作中心组. 国际中文教育用中国文化和国情教学参考框架 [M]. 北京：华语教学出版社，2021.

[2] 李志义. 解析工程教育专业认证的 OBE 成果导向理念 [J]. 中国高等教育，2014 (17)：7-10.

[3] 沈火明. 工程力学课程思政的探索与实践 [J]. 高教学刊，2021，7 (29)：189-192.

[4] 周海晏. 课程思政教育中的中国话语建构 [J]. 思想政治课研究，2018 (6)：74-77.

[5] 冯海丹. 高校来华留学生当代中国话题"课程思政"建设研究——以教学大纲修订为例 [J]. 中国多媒体与网络教学学报（上旬刊），2021 (3)：70-72.

[6] 潘美，蒋瑜. 高校在线开放课程建设模式创新与应用研究 [J]. 大学教育，2022 (4)：179-184.

[7] 王东营. 国际学生"中级汉语综合"课程思政的研究和实践 [J]. 黑龙江教育（高教研究与评估），2022 (5)：90-92.

[8] 李丹丹. 基于网络教学平台的在线课程评价体系研究 [J]. 通讯世界，2019，26 (2)：284-285.

[9] 杨昱华. "课程思政"在对外汉语教学中的探索与实践 [J]. 教育观察，2019，8 (13)：98-100.

浅谈面向留学生的"高级俄汉翻译"课程思政建设①

张 扬

(北京语言大学汉语学院)

摘 要 来华留学生本科课程思政建设是高校课程思政建设的重要组成部分，是深入贯彻落实习近平新时代中国特色社会主义思想，向世界"讲好中国故事"的重要体现。《习近平谈治国理政》是向世界展示当代中国和中国优秀文化内涵的重要窗口，其俄文翻译版对面向留学生开设的高级俄汉翻译课程思政建设具有重要的指导作用。

关键词 课程思政；"三进"课程；教学改革。

引 言

2020 年 5 月教育部正式下发的《高等学校课程思政建设指导纲要》（以下简称《纲要》）明确指出，"课程思政建设内容要紧紧围绕坚定学生理想信念，以爱党、爱国、爱社会主义、爱人民、爱集体为主线，围绕政治认同、家国情怀、文化素养、宪法法治意识、道德修养等重点优化课程思政内容供给，系统进行中国特色社会主义和中国梦教育、社会主义核心价值观教育、法治教育、劳动教育、心理健康教育、中华优秀传统文化教育。"来华留学生的高等学历教育是中国高等学历教育的重要组成部分，面向来华留学生开设的各类专业课程思政建设同样受到《纲要》的指导。《习近平谈治国理政》多语种版本进高校、进教材、进课堂（以下简称"三进"）是全面推进高校课程思政建设，发挥每门课程育人作用的重要举措，尤其是对面向留学生开设的高级俄汉翻译课程思政建设具有指导作用。

---

① 本项目为 2022 年《习近平谈治国理政》多语种版本国际学生"三进"探索课程建设项目，项目编号为 GTS202205。

一、课程思政建设视域下的汉教课程

(一)留学生汉教课程思政的特点

相对于面向中国本科生开设的专业课,面向来华留学生开设的专业课的课程思政建设具有以下两个突出特点:

1. 面向留学生的"汉语教学"本质上仍为"外语教育"

以北京语言大学汉语学院高级俄汉翻译课程为例,该课程是为三年级本科各专业留学生开设的选修课,全学年开课,2 学时/周。任课教师为中国教师,教学以提高汉语水平为目标。对于留学生来说,他们是在和"外教"学习"外语",所以从本质上来说,面向留学生的"汉语教学"仍为"外语教育"的一部分。习近平总书记殷切希望:高等外语教育要致力于培养一大批熟悉党和国家方针政策、了解我国国情、具有全球视野、熟练运用外语、通晓国际规则、精通国际谈判的专业人才。这正是时代赋予外语教育的历史责任。这同样也是我们国际中文教育的历史责任。

2. 教学对象的成长背景各不相同,任课教师需要考虑的因素多

高级俄汉翻译课程的教学对象是以俄语为母语,或具有相当于母语水平的俄语区国家来华学习的本科留学生。这些留学生主要来自俄罗斯、哈萨克斯坦、吉尔吉斯斯坦、乌兹别克斯坦、塔吉克斯坦、乌克兰、白俄罗斯等国家,他们在不同的政治、宗教、社会、文化背景下长大,来华之前已经形成了一定的世界观、人生观、价值观。因此,相对于成长背景比较统一的中国学生来说,留学生课堂上的思政教学需要考虑的因素更多,对任课教师的要求也更高,任课教师不仅要有过硬的专业知识,还要了解各国的基本国情,更要熟知我国的历史、文化、国情和政策。

(二)《习近平谈治国理政》进入高级俄汉翻译课程的可行性

高级俄汉翻译课程通过俄译汉翻译练习、教师讲解等方式让学生对比俄汉语法差异,加强学生对汉语语法知识点、重点句式的理解和使用。在提高学生的写作能力、口语表达能力、笔/口译翻译能力的同时,让学生能更加全方面地了解中国。课程通常选用与中、俄两国政治、经济、文化、历史、社会等相关的俄语原文或中俄文对译语料作为教学材料。多语种版本的《习近平谈治国理政》收录了 2012 年 11 月至 2020 年 1 月期间习近平总书记在各类场合的谈话、讲话、演讲、答问,以及批示、贺信等 270 余篇文章,各篇文章长度不等,兼有书面语体、口语体,且文中引用了大量古诗、成语、谚语,内容涉及我国大政方针、治国理念、发展道路、经济建设、文化成就、外交政策等多方面。《习近平谈治国理政》在全面展示当代中国风貌的同时,充分体现了中华优秀传统文化内涵。其俄文翻译版贴近俄语表达习惯,能够使来自俄语区的学生最大限度地理解原文内容,非常适合俄汉翻译教学实践,具有可行性。尤其是新冠肺炎疫情暴发以来,所有国际中文教育课

程转为线上教学，传统的课堂教学形式及内容必须进行调整和改革以适应线上教学的需求，此时，将多语种《习近平谈治国理政》引入国际中文教育的课堂中来，通过线上课堂这扇窗口，让世界了解中国。

二、课程思政建设视域下的翻译能力培养

课程思政不同于思政课程。思政课程是"高校思想政治工作的主渠道，它的特点是理直气壮，旗帜鲜明"，而课程思政则需要通过润物细无声的方式，巧妙地将社会主义核心价值观融入专业课程中。在高级俄汉翻译课堂上，对这些来自异国的学生进行价值观引导，必须要寓其于知识传授和能力培养之中。而翻译能力的培养是翻译类课程的重要目标之一。

长期以来，学界对翻译能力的研究形成了多种观点，主要包括基于乔姆斯基理论的自然观、基于能力结构的要素观、基于认知角度的认知观。无论哪种观点，大都涉及了语言内能力与语言外能力两个方面。

语言内能力主要是指译者的双语能力，包括对两种语言基本语法知识的掌握、翻译速度、原文的理解、译文准确度等方面。高级俄汉翻译要求学生能翻译一般性文学作品、新闻等文章，翻译速度为800～1000字/小时；译文忠实原意，语言通顺，用词基本准确，能体现出书面语与口语体的差异。这部分的能力培养，与学生在一二年级打下的汉语基本功是否扎实直接相关。三年级的翻译课堂，更多的是实践练习：让学生通过翻译实践，将已掌握的汉语语法知识与俄语语法知识进行对比，找出两种语言的差异；发现自己在汉语写作、口头表达等方面的问题，避免将俄语的表达习惯在向汉语迁移过程中产生偏误，进一步巩固汉语语法知识，提高汉语水平。

语言外能力主要指语言知识以外的其他能力，包括翻译工具的使用、翻译理论和技巧的了解、成熟的心理素质、国情知识或学科知识的掌握等方面。为此，高级俄汉翻译课程专门为留学生介绍各类翻译工具，要求学生熟练使用中国市场上较常见的各类俄汉词典、翻译网站、翻译软件等翻译工具；在翻译实践中掌握基本的翻译理论和技巧，并通过课堂翻译实战，锻炼学生的现场翻译心理素质。此外，对翻译内容是否熟悉是影响翻译速度、译文准确度以及译者自信心的重要因素。虽然三年级的本科留学生已经学习汉语两年，具备了一定的使用汉语交际的能力，但对中国的了解还不够深入；在翻译课程中使用《习近平谈治国理政》俄文翻译版部分文章为教学材料，可以使留学生更加直观地认识和了解习近平新时代中国特色社会主义思想的主要内容。通过教师对《习近平谈治国理政》内容的解读和对俄汉语法知识点的讲解，增进留学生对中国共产党为什么能、马克思主义为什么行、中国特色社会主义为什么好的认识和理解的同时，提高汉语整体表达水平。在俄汉翻译教学设计方面，任课教师需要在"北语教学模式"基础上寻求突破与创新，以润物细无声的方式讲好中国故事，培养知华、友华、爱华的国际人士。

三、课程思政建设视域下的教学材料选取

（一）原教学大纲设计

高级俄汉翻译课程原教学大纲设计遵循由简入深的学习规律，根据语法知识点分布情况，分为四个单元，每单元三课，共十二课：第一单元词语的翻译（名词、量词、数词的翻译）、第二单元词组的翻译（形容词词组、名词词组、动词词组的翻译）、第三单元简单句的翻译（谚语/俗语和陈述句、疑问句、祈使句的翻译）、第四单元复句的翻译（限定从句、说明从句、目的从句的翻译）。每课设有1~2篇课文、翻译技巧讲解、语法点讲解、课后练习等部分，每课学习时间为4学时（见表1）。

表 1　原教学大纲

教学内容	详细内容与要求	
	教学内容	知识重点
第一课：专有名词的翻译	（1）课文1：俄罗斯海参崴发现老虎在繁忙马路上横过；（2）课文2：Экологи начали финальное голосование за имя гулявшему по Владивостоку тигру	俄语专有名词的翻译方法：音译法
第二课：量词的翻译	（1）课文1：Банка жизни；（2）课文2：人生是个罐子	汉语中量词的使用方法
第三课：数词的翻译	（1）课文1：颐和园概况；（2）课文2：Общие сведения о парке Ихэюань	（1）俄语分数的汉语表达；（2）俄语大数、小数的汉语表达
第四课：形容词词组的翻译	（1）课文1：火车的故事；（2）课文2：Однажды в поезде	（1）俄语中关于性格词汇、句式的汉语表达；（2）形容词词组的翻译特点：词序、汉语"的"字使用、部分词组量词的添加
第五课：名词词组的翻译	（1）课文1：天鹅的忠诚；（2）课文2：Лебединая верность	（1）俄语名词词组翻译中词序的变化；（2）не успеть..., как...；（3）подходить/подойти
第六课：动词词组的翻译	课文：Материальная и духовная культура	（1）俄语及物动词的翻译；（2）俄语动词 создать 的多种用法；（3）语篇的翻译技巧
第七课：陈述句的翻译	课文：Конфуций: выдающийся мыслитель и педагог древнего Китая	（1）俄语陈述句的翻译技巧；（2）汉语"是"字句与俄语陈述句的关系

教学内容	详细内容与要求	
第八课：疑问句的翻译	课文：Мир моих увлечений	（1）俄语疑问句的翻译技巧； （2）一般疑问句：注意词序、疑问词的使用； （3）特殊疑问句：注意疑问词的使用
第九课：祈使句的翻译	（1）课文1：Интернет: польза или вред? （2）课文2：Интернет и время	（1）俄语祈使句的翻译方法； （2）俄汉语祈使句的异同比较； （3）篇章翻译连贯练习
第十课：成语的翻译	（1）俄语熟语俗语的翻译； （2）汉语成语的翻译	（1）复制形象法； （2）替换形象法
第十一课：限定从句的翻译（一）	课文：Средства массовой информации: польза и вред	（1）俄语限定从句的汉语表达； （2）翻译方法：简化法
第十二课：限定从句的翻译（二）	课文：Общие сведения о Москве	（1）俄语限定从句的汉语表达； （2）翻译方法：复杂法

（二）补充教学材料的选取

三年级俄译汉翻译语料主要以生态环境、历史文化、政治外交、哲学、教育、互联网科技等内容为主。根据俄文版《习近平谈治国理政》语言的难易程度、文章长度、语体等情况，本课程尝试选取部分篇章或段落作为翻译学习材料，在教学实践过程中结合学生学习情况进行适当调整（见表2）。

表 2　语料选取

单元	发表时间	中文篇名	俄文篇名	思政目标
生态篇	2013年4月2日	《为建设美丽中国创造更好生态条件》	Создание более благоприятных экологических условий для строительства красивого Китая	了解中国政府保护生态环境的决心；理解"绿水青山就是金山银山"的内涵意义
	2016年8月24日	《树立"绿水青山就是金山银山"的强烈意识》	Твердо осознавать, что 《Прозрачные воды и покрытые буйной растительностью горы-это бесценное богатство》	
	2019年4月28日	《共谋绿色生活，共建美丽家园》	Совместно стремиться к 《зеленой》 жизни, совместно строить прекрасный дом	

单元	发表时间	中文篇名	俄文篇名	思政目标
历史文化和政治外交篇	2018 年 11 月 17 日	《为国际社会找到有效经济治理思路》	Поиск идей эффективного экономического управления для международного сообщества	了解"丝绸之路经济带"基本情况；了解中国睦邻友好，共享和平、共同发展的外交政策；理解"建设人类命运共同体"的精神内涵
	2013 年 9 月 7 日	《共同建设"丝绸之路"经济带》	Совместное строительство 《экономического пояса шелкового пути》	
	2014 年 3 月 27 日	《文明因交流而多彩，文明因互鉴而丰富》	Цивилизация становится красочной благодаря обмену, а обогащается путем взаимной учебы	
哲学和教育篇	2016 年 12 月 7 日	《加快建设世界一流大学和一流学科》	Ускорить создание университетов мирового уровня и современного преподавания учебных дисциплин	了解中国大学建设、学科建设的基本情况；理解"实干才能梦想成真"的精神内涵
	2013 年 4 月 8 日	《实干才能梦想成真》	Только работа по-деловому приведет к осуществлению мечты	
	2019 年 4 月 30 日	《发扬五四精神，不负伟大时代》	Необходимо развивать дух 《Движения 4 мая》, полностью реализовать возможности, которые несет нам новая великая эпоха	
互联网媒体篇	2014 年 2 月 27 日	《努力把我国建设成为网络强国》	Прилагать усилия для превращения Китая в сетевую державу	了解中国互联网经济发展情况及相关的网络安全法律法规
	2018 年 4 月 20 日	《自主创新推进网络强国建设》	Необходимо продвигать строительство державы сетевых технологий за счет самостоятельных инноваций	
	2019 年 1 月 25 日	《加快推动媒体融合发展》	Необходимо ускорять интеграционное развитие СМИ	

（三）预期效果

课堂教学效果方面，翻译材料难度适应学生汉语水平。在口头翻译方面，学生做到马上翻译出基本内容；笔译方面，学生能够较好地掌握课文重点、难点句法翻译技巧，译文忠实原意，语言通顺，用词基本准确，在借助一定翻译工具前提下使翻译速度达到 800～

1000字/小时。课后作业完成方面，学生能够独立完成课后翻译作业，并将课上所讲的翻译技巧和难点、重点体现在翻译中。课程思政方面，将弘扬社会主义核心价值观贯穿于教学计划、课程标准、课程内容等教学环节，提升课程思政教学效果，使学生更加直观地感受和认识新时代中国特色社会主义思想的主要内容。

结　语

目前，学界关于本科生的课程思政建设研究已经逐步开展起来，但鲜有关于来华留学生的本科课程思政建设研究方面的文章。留学生本科教育的"汉语教学"课程本质上仍属于"外语教育"，但由于留学生成长背景各不相同，给任课教师在课堂上进行思政教学和思政宣传带来了一定的挑战。因此教学材料的选择、教学环节的设计、课后教学评价和反馈非常重要。《习近平谈治国理政》是向世界展示当代中国和中华优秀传统文化内涵的重要窗口，因此在课程思政建设过程中，教师要认真学习《习近平谈治国理政》，深挖其精神内涵，并将学习成果与教学实践相结合。

参 考 文 献

［1］蔡满园. "课程思政"视域下大学英语金课的创意理性及实践路向［J］. 外语电化教学，2022（1）：3-7+101.

［2］教育部关于印发《高等学校课程思政建设指导纲要》的通知［EB/OL］.［2020-05-28］. http://wwwgovcn/zhengce/zhengceku/2020-06/06/content_5517606htm.

［3］彭龙办. "中国的"外语教育［N］. 光明日报，2017-04-13（14）.

［4］唐昉. 面向国际传播的译者能力培养——以《习近平谈治国理政》英译赏析课程为例［J］. 外国语文，2022，28（3）：33-41.

［5］王田，童亚星.《习近平谈治国理政》"三进"课程中的思政一体化研究［J］. 外国语文，2021，37（5）：27-31.

［6］张宝钧. 论课程思政教育的三组关系［J］. 中国翻译，2021（5）：70-72.

［7］张扬. 浅谈面向俄语区留学生的《俄汉翻译》课程［C］//汉语本科教育研究论文集. 北京：北京语言大学出版社，2021：40-48.

浅谈新时代背景下理工类院校来华留学生的思政教育——以中国科学技术大学为例

吴　昊

（中国科学技术大学国际学院）

摘　要　由于理工类院校留学生及其教育教学的独特性，所以针对此类留学生的思政教育与其他类型的留学生教育有不同之处。当前理工类院校的留学生思政教育仍存在不足之处，需要从提升留学生思政教育大局观、健全教师队伍、完善课程内容、改进教学方式等方面出发，健全理工类院校留学生思政教育体系，服务好国家留学品牌建设。

关键词　理工类院校；留学生；思政教育。

引　言

近年来，伴随我国综合国力和国际地位的提升，尤其是"一带一路"倡议提出以来，来到我国留学的海外学子数量也随之增加。在新冠肺炎疫情开始之前，我国已经成为亚洲第一大留学目的国，虽然 2020 年以来新冠肺炎疫情对我国留学生教育事业造成了一定的影响和冲击，但伴随着疫情形势逐步稳定、国门逐步开放，中国仍是大量海外学子优先选择的留学目的国。同时，我国的科研实力和高等教育实力得到更多、更广泛的认可。根据2017 年到 2020 年间的数据统计，来华留学生中汉语言和教育学等专业的学生占比呈下降趋势，而工科类、管理科学类和理科类专业的学生占比则呈现上升趋势。在这一趋势下，如何进行非语言文化类专业的留学生的思想政治教育就成为一个亟待解决的问题。以中国科学技术大学的留学生群体为例，目前学校总在册留学生人数为 960 人，其中博士生占比约 72%，硕士生占比约 27%，本科生占比约 1%；在专业类别方面，以工商管理、生命科学、化学与材料、计算机和信息科技等专业的留学生占据大多数，且由于学校致力于前沿科技和尖端科学等领域的教学研究的特点，形成了留学生在各院系的分布广而不均、学生学业成长主要以导师指导和科研实践相结合进行等特点。结合此背景，学校在留学生思政教育方面所做的一些尝试，可以为理工类院校的留学生管理和教育同人提供一定的参考。

一、理工类院校来华留学生的特点及开展思政教育的必要性

（一）缺少汉语和中国文化学习的需求

根据 2017 年教育部、外交部、公安部联合下发的《学校招收和培养国际学生管理办法》（第 42 号令），针对不同层次、不同专业的来华留学生，无论是汉语授课项目还是非汉语授课项目，都需要在毕业时达到相对应的汉语水平考试等级，才可以取得学位。我校的博士生项目目前全部为英文授课项目，硕士生项目大部分也为英文授课项目，所以对于绝大多数的留学生来说，学校对他们的汉语和中国文化水平要求并不高。并且，理工类专业背景的留学生，在选择留学深造时，语言和文化等因素往往不是他们最先考虑的问题，自然而然地，他们对于中国的历史、社会制度、经济发展等的兴趣会相对较低，对于他们中的大多数来说，只要能够在中国顺利地生活、学习并完成学业即达成了他们的留学目的。因此这些留学生往往缺乏主动学习和深入了解中国文化的动力，或者在相关方面浅尝辄止。他们很少能够看到，中国在相关科研领域的建树是与中国社会的方方面面、中国的各项政治经济制度以及中国人的思维方式等因素存在着密不可分的内在联系的，如果不掌握这些相关知识、树立相关的意识，会对他们在中国的学习和生活造成一定程度的阻碍，不利于他们融入校园环境、融入中国社会，也会从侧面给他们的心理状态、精神健康带来一定的负面影响，继而可能会导致产生某些严重的后果。发展留学生教育事业，不仅仅是希望来华留学生学习我们的专业知识，更希望我们能够在这一过程中培养更多"知华友华"的朋友，并通过他们让世界更全面更彻底地认识中国。

（二）层次复杂

相比大多数中国人在接受教育过程中往往按部就班、"一环扣一环"的特点，留学生在作出留学选择时自由度会更高，尤其是在理工类专业的留学生中，各种年龄层次、各种专业背景的学生都会出现。留学生群体的文化背景、宗教信仰差异等，造成了留学生教育和培养的复杂情况，而不同年龄段、不同社会阶层、不同工作背景的留学生汇聚在一起时，会使得这一情况变得更加难以掌控。对于留学生来说，进行与中国学生类似的、传统的说教和灌输式的教育本就难以实行，在面对更加复杂的情况时，如何全面考虑各种层次，有针对性地、更有成效地进行思想政治教育，对进行留学生管理和教学的教师提出了更高的要求。

（三）专业学习压力大

与来华学习汉语的留学生不同，进行其他专业课尤其是理工类专业学习的留学生，往往会面临更大的学业压力。由于教育体制、教育水平等方面的差异，来中国进行理工类专业学习的留学生在专业知识基础、科研能力等方面往往与同校的中国学生存在着较大差

异。以我校的留学生为例，我校招收的留学生全部都是从毕业于 QS 排名前 1000 或各国排名前 10 的学校且成绩排名靠前的学生中进行筛选，按照 1∶50 的录取比例进行录取的，可以说这些留学生在他们的国家是非常优秀的人才。但是，与我校的中国学生对比，仍有不少留学生导师反映他们的科研水平甚至不如中国的某些高中毕业生。这一情况带来了几个方面的问题：一是留学生到校之后，自身面临着巨大的学业压力，他们要在 3~4 年的学制中追赶差距的同时还要完成培养体系中的相关要求，这就导致他们除了学习专业课程和开展科研任务，无法抽出更多精力进行其他内容的学习；二是学生自身非常容易因为巨大的落差而产生思想和心理方面的问题，畏难情绪、焦虑、抑郁等都是非常常见的，尤其是理工类留学生在人文知识储备方面相对匮乏，当他们遇到相关问题时可能采取了错误的方式对待，如置之不理或刻意掩盖等，如此一来，更容易导致问题的积压和加重；三是留学生很难得到身边中国教师和同学的认可，虽然大多数留学生对待学业是非常认真而且努力的，但是教育背景所带来的差距并不能在短时间内弥补，这就很可能会致使留学生的培养被院系和导师视为"累赘"。因此，在留学生的管理和教育过程中，帮助留学生群体正视差距、及时疏导和排解他们的压力与困惑、帮助他们与导师和同学更好地沟通与联络，成为理工科类留学生思想政治教育的重要组成部分。

二、当前理工类院校开展来华留学生思政教育存在的问题

（一）思政教育的认识不够充分

一是从理工类院校的留学生自身角度来说，他们或者是由于专业课压力过大、学业任务较重，或者是由于没有相关教育需求，所以对于除专业课程和科研实验工作之外的内容他们没有投入更多的精力，忽视了接受留学教育的目的除了提升专业能力和素养，还有提升自身个人修养以及培养更加广阔的国际化视野和提升跨文化交际能力。在当今时代的国际化背景之下，拥有扎实且完备的专业知识储备必然是成为优秀人才的重要基础，但是缺乏广阔视野是无法成为杰出人才的。而且在理工类院校中，不少留学生对于中国社会和文化是持相对封闭态度的，他们出于种种原因，可能不具备较好的汉语交际能力，因此会避免与中国人过多的交集，对于中国文化和社会中与其母文化的不同之处也持不接受的态度，长此以往会导致其跨文化交际的不通畅，进而可能会引发一系列的心理甚至生理问题。

二是从学校层面上来说，思想政治教育本身是一个偏文科类的话题，在理工类院校里，思想政治教育工作的开展往往受重视程度就不高，而且在涉及留学生的思想政治教育方面，更是没有意识到需要更多的关注和投入，甚至在学校管理层面会存在着留学生不需要进行思想政治教育的误区。同时由于近年来来华留学生规模的扩大，导致高校在面对日益增多的留学生时，没有做好相应的准备，即使想要开展留学生思想教育也不知从何谈起，更谈不上形成完善有效的留学生思想教育体系。

（二）思政教育的队伍不够完善

虽然在前述第 42 号令里明确提出高校需要建设完善的专职留学生辅导员队伍，但是在实际工作中，目前很少有高校能够将这一政策落到实处，往往是由从事留学生教学任务的教师或者进行留学生管理工作的行政教师兼任留学生辅导员，缺乏成体系的、专业的留学生思政教育队伍。通过实际观察，这种配置是起不到应有的作用的。

首先，从进行教学任务的教师角度来说，无论是汉语文化课教师还是专业课教师或导师，没有在日常的教学或指导工作中将思政教育融入其中。汉语文化课教师相比其他教师群体，因为接受过专业的跨文化交际能力培养，在汉语课和文化课中能够意识到帮助留学生了解中国情况、介绍中国人的思维方式和中国社会机制等相关信息的重要性，但受限于课程体系和教学时间，尤其是汉语教师无法在汉语课程中投入大量时间和精力放在思政教育方面；而专业课教师和导师，会更侧重于留学生专业能力和科研能力的培养，很少有教师会重视留学生的思想状态，更少有教师会有意识地对留学生的思想进行教育。

其次，从留学生管理教师的角度来说，由于留学生专业背景复杂、文化背景差异等原因，留学生管理工作是非常烦琐且细致的；而且由于来华留学生规模的扩大以及疫情等因素造成的新局面、新情况，高校中的留学生管理队伍经常是满负荷甚至超负荷运转的，留学生管理教师的工作状态基本处于饱和状态，导致这些教师没有更多的精力去顾及留学生的思想政治教育工作。

（三）思政教育的方法不够科学

当前高校的留学生思政教育大多数情况下仍以集中宣讲、案例警示等方式进行，但在实际操作中，这些方式往往收效甚微甚至会产生反作用。比如一些高校会以在疫情中违反防疫规定的留学生行为作为案例进行通报，以起到警示教育的作用，但是这种在中国人中比较有效的方式反而会引起留学生群体的不满和反感，会被认为是侵犯隐私和人权的一种表现。单纯的法律法规和校规校纪宣讲也可能被留学生视为对他们人身自由的一种限制。这些方式方法不仅没有起到应有的作用，反而造成了留学生的反感和抵触情绪。由于文化背景、思维方式等的差异，留学生无法对这些教育感同身受，他们会认为这些行为是对于他们行为能力的否认和诋毁，进而更加无法认识到自身存在的问题，导致思政教育效果不佳。

（四）思政教育的内容不够丰富

当下的思政教育以留学生在华相关的法律法规和校规校纪为主，在汉语文化课或者留学生文化活动中还会涉及一些中国传统思想等内容，除此之外就少有安排。但是实际上，由于语言障碍、文化背景差异、宗教信仰差异等多方面因素，理工类院校的留学生在生活和学习中经常会遇到非常多的困难和阻碍；学校将学业能力水平作为留学生考核的唯一标准或主要标准也造成了留学生和教师对于其他内容的轻视，导致留学生很容易产生跨文化交际障碍和心理健康问题。这些跨文化交际意识和能力的培养、心理健康教育、当代中国概况等教学内容的缺失，不利于留学生自身的学习生活，也不利于培养他们对于中国的认同感。

三、开展来华留学生思政教育方法的探讨

（一）提升留学生思政教学意识

从高校层面上，需要重视留学生教育教学的方方面面。开展留学生教育绝不仅仅是提高在校留学生数量这一简单的政治任务，如何在保障留学生教育教学质量的前提下稳步提升留学生数量才是应当遵循的发展之路。高校作为开展国际化交流与合作的重要平台，有责任也有义务帮助留学生群体在学习过程中，更加深入地了解中国、理解中国，提升他们对中华文化和中国特色社会主义制度的认识和认同度。留学生培养绝不是简简单单把留学生招进来就结束的事情，从留学生迈入学校的那一刻起，他在学校所经历的点点滴滴、遇到的每一个人、发生的每一件事都有可能会对他的一生产生重大影响。

结合当下的国际形势，高校必须从战略发展的角度，坚定立场，明确留学生培养的目的和方式，在教育教学的过程中，将中华文化中诸如尊师重教、艰苦朴素、实事求是等优秀的精神内涵体现出来，并引导留学生对于中华文明、中国制度和中国的发展道路产生亲切感和认同感，切实将"知华友华"教育落到实处。只有高校在战略层面上意识到留学生思政教育的重要性，才能出台切实有效的措施，做好留学生培养工作，进而服务好国家的大政方针，打造更有知名度的中国留学品牌，进而吸引更多更优质的留学生选择中国，形成良性循环。

（二）加强留学生思政教学队伍的建设

参照第 42 号令的要求，应尽快将留学生管理队伍的建设落实到位，成立一支专业化、系统化的留学生辅导员队伍是解决留学生思政教育问题的根本措施。留学生辅导员应该是与留学生走得最近、了解最深的教师群体，考虑到留学生的情况比中国学生更加复杂，留学生的辅导员配比应远高于中国学生的辅导员配比。同时，要确保留学生辅导员队伍的专业性和有效性，从事留学生辅导员工作的教师应具备较好的英语能力、跨文化交际能力、心理学和教育学知识储备，还要有责任意识与奉献意识。针对留学生思想政治教育的特点，高校应在能力范围之内，建设一支留学生思想政治教育的专职教师团队。这些教师首先应具有坚定的政治站位和明晰的政治意识，对于国家大政方针和国际形势有明确的判断和选择；其次对于留学生的学习特点、文化背景、行为方式等有深入的了解，能够探索出适合留学生的思想政治教育教学方法。高校对于这两支队伍应有计划地进行培训和进修，提升相关工作人员的各项能力，保持他们的专业水平与时俱进。在此基础之上，还应对留

学生的专业课教师和导师开展相关教育培训，引导这些教师认识到留学生教育并不只是留学生管理部门的工作，将留学生的思政教育工作落实到留学生与所有教师相处的点滴中，通过他们接触更多的中国人，帮助留学生认识中国、了解中国。

（三）改善留学生思政教育方法

针对留学生的学习特点和专业背景，要适当地改变针对留学生思政教育的方式方法，以留学生可以接受的、喜闻乐见的途径开展教学工作。以我校开设的中国概况课为例：如果在教学中单纯讲解中国改革开放以来的中国经济发展变化情况和相应政策，就无法引起留学生的共鸣；但是如果介绍改革开放带给个体或者家庭生活条件的转变以及普通中国人的日常生活变化，就会引起留学生的共鸣，因为他们在中国的每一天也都需要消费、出行。通过了解普通中国人的生活情况，他们可以感同身受地了解到他们在中国所接受的待遇处于什么水平，他们也能深刻感受到普通的中国人所面临的生活压力与问题，在此之上再去理解中国的经济政策和发展道路，就不会显得空泛无力；他们也能从中了解到中国人的消费观念、就业观念等信息，也就能够在与中国人打交道的过程中做出更得体的行为。为了取得类似的效果，教师需要深入了解留学生的需求，放下身段与留学生平等交流，在满足他们的合理需求的同时，将想要传达给留学生的思想融入其中，以润物细无声的方式引导留学生理解中国。

（四）优化留学生思政教育内容

除了传统的规章制度和中国文化内容，在留学生的思政教育中应当适度增加更多当代中国和心理健康教育的内容。与中国人乐于从历史中总结经验教训不同，大多数留学生更加注重当下所发生的事情，因此，在留学生思政教育的课程中适当增加社会主义中国的相关内容往往会收到意料之外的正面效果。来华留学生大多数已经成年，他们对于世界已经有了较为完备的认知，他们也清楚中国实行的是与世界上绝大多数国家不同的社会制度，既然他们愿意选择中国作为留学目的国，那他们自然已经为体验一种不同的生活做好了准备；而且中国的发展有目共睹，大方地向他们展示中国特色社会主义道路是很多留学生愿意且想要了解的内容，他们希望从中国的崛起之路中学习经验，帮助他们自己的国家也获得更好的发展，这也是展示中国人的道路自信、理论自信、制度自信、文化自信的绝佳机会。作为教师，需在此过程中注意方式方法。同时，针对理工类留学生的心理健康状况，有计划地对留学生开展心理健康教育也是势在必行的。建立健全行之有效的跨文化心理咨询途径，促使留学生了解更多的心理健康知识，引导留学生通过得体有效的方法解决跨文化交际或学业压力带来的心理问题，帮助留学生健康成长。

参 考 文 献

[1] 崔永日，崔亨龙，金永灿. 浅谈来华留学生教育管理中的思想教育 [J]. 中国高教研

究, 1998 (6): 66-67.

[2] 金春花. 加强来华留学生思想教育工作的思考与几点措施 [J]. 黑龙江教育 (高教研究与评估版), 2005 (Z2): 90-92.

[3] 江盈. 浅析工科院校的外国留学生思想教育——以南昌航空大学为例 [J]. 学理论, 2010 (30): 289-291.

[4] 魏传成. 近二十年我国来华留学生思想政治教育研究综述 [J]. 科教文汇 (中旬刊), 2019 (12): 33-35.

[5] 吴晖晗. 来华留学生思想政治教育与建设的探索——以哈尔滨工业大学为例 [J]. 现代交际, 2020 (18): 123-125.

[6] 周婷. 来华医学留学生思想教育研究 [J]. 高教学刊, 2022, 8 (9): 174-177.

[7] 王红丽, 蒋璐樯, 黎玖高. 来华留学生思想政治教育的实践探索 [J]. 科教导刊, 2022 (19): 80-82.

基于国情教学的"汉语桥"线上团组设计与项目实践研究

张 杰①

(北京语言大学汉语学院)

摘 要 2020 年年初以来，突如其来的新冠疫情阻挡了外国学生来华留学的脚步，但世界各国学生的汉语学习热情不减。教育部中外语言交流合作中心利用现代教育技术，创新组织形式，把汉语桥夏令营团组移至线上，通过一系列语言和文化课程，对外国学生进行汉语语言教学和中国国情教学。本文通过研究近两年来"汉语桥"线上团组的设计思路与项目实践，总结其中经验，尝试为后疫情时代的线上汉语教学和中国国情教学提供智力支持。

关键词 汉语桥；线上团组；国情教学；项目实践。

引 言

"汉语桥"是教育部中外语言交流合作中心（以下简称"语合中心"）的一个品牌项目，其包括"汉语桥"外国学生夏令营、"汉语桥"校长访华团、"汉语桥"中文比赛、"汉语桥"俱乐部、"汉语桥"海外资助项目等。其中"汉语桥"线上团组是面向全球中文爱好者的线上中国语言文化体验项目，旨在增进中外青少年对双方语言文化的理解，加强中外语言教育交流。

2020 年以来，新冠肺炎疫情阻挡了外国学生来华留学的脚步，但世界各国学生的汉语学习热情不减，语合中心利用现代教育技术，创新组织形式，开创了"汉语桥"线上团组项目。这是一次改革与创新，不仅为后疫情时代外国学生学习汉语开辟了新路径，更激发了广大高校教师在文化教学、国情教学方面的灵感。"汉语桥"线上团组实施两年以来，产出了一大批中华文化和国情教学方面的成果，因此研究其项目设计与项目实践经验，具

---

① 本文系北京语言大学校级教改项目"来华留学生汉语言专业虚拟教研室"的成果之一，项目编号为 GJ-XN-JYS2022001。

有广泛的现实意义。

一、"汉语桥"线上团组的项目立意

2020 年新冠肺炎疫情之前,语合中心主办的"汉语桥"留学生来华团主要由国内各个高校承办。以北京语言大学承办"线下"来华团的经验来看,在为期两周的团组活动中,一般会走访包括北京在内的两座城市,在每日的安排中,一般上午是校内的语言课,下午是校外的文化体验活动,例如走访北京胡同、参观故宫、游览长城等。然而 2020 年至今,新冠肺炎疫情改变了我们熟悉的生活方式,出于疫情防控的需要,很多国家不得不采取严格的封锁措施,人们的出行受到极大限制,世界各国间的人文交流锐减,原有的"汉语桥"外国留学生夏令营也被迫暂停。

新冠肺炎疫情虽然阻挡了留学生来华的脚步,却没有阻挡世界各地汉语学习者学习汉语的热情,许多海外大学及孔子学院,依然有着强烈的意愿,希望"汉语桥"外国学生夏令营可以继续下去。原因有二:一方面外国学生有继续学习汉语的需求,不单是学习语言,更是出于对当代中国的兴趣,特别是中国在世界疫情大流行背景下展现出的大国担当,获得了世界多国的赞誉,国际影响力持续上升;另一方面,线上教学的技术手段已经成熟,虽然长期以来信息技术对学校课堂教育的影响不够大,但新冠肺炎疫情让教师和学生对线上教学有了全方位的体验和认同,这为"汉语桥"线上团组项目提供了技术支持,也为教师和学生提供了良好的心理建设。在此背景下,"汉语桥"线上团组应运而生。

二、"汉语桥"线上团组的设计思路

"汉语桥"团组项目虽然从实体来华变成了线上体验,但其活动目标与项目特色并没有本质的改变,即兼顾汉语语言课学习和中华文化体验。语合中心在设计"汉语桥"线上团组时,参照以往来华团组的经验,即一半时间进行语言课教学、一半时间进行文化体验,并以成果为导向,要求产出一定量的精品录播课,上传至"汉语桥"团组在线体验平台供学生观看学习,直播课则采用"实时授课+线上活动"相结合的方式。

与来华团组相比,线上团组仍有很多不同的地方。首先是上课平台问题。鉴于海外不同国家和地区网络情况复杂,"中文联盟"平台尚未普及,因此很多学校采用以 ZOOM 为主的线上教学平台。其次是时差问题。需要充分考虑到教师和学生的不同地理位置,找到合适的直播课时间。再次是课程时长的问题。考虑到是线上团组,很难保证学生全天都在线,因此要合理安排上课时间,保证上课的效果。最后是团组的教务管理问题。组织者要充分考虑教师与学生的实际情况,协调好课上互动、课后辅导和收集作业等,带给学生更多的参与感。

以笔者参与过的"我和我的故乡——中国乡村行"和"魅力东北,冰雪奇缘"两个"汉语桥"线上团组为例,生源主要为委内瑞拉玻利瓦尔大学孔子学院的注册学员及其他少量的拉美、西班牙地区的汉语学生。两个主题的确立基于前期的问卷调查以及当下中国比较热门的话题：2021 年中国"脱贫攻坚"取得伟大胜利，中国农村面貌焕然一新，以"中国乡村行"主题为切入口，既可以满足外国学生了解中国社会的需求，也能对外展示我国农村新面貌，客观、真实讲述中国故事；2022 年进入北京冬奥时间，在前期调研中，许多地处热带的委内瑞拉学生表示从来没有看到过真实的冰雪世界，在冬奥会到来之际，想了解中国的冰雪文化，因此"魅力东北，冰雪奇缘"主题团组应运而生。

纵览"汉语桥"团组在线体验平台上的团组，大都为展现中华特色文化或当代中国风貌的主题，既兼顾国情教学，又结合海外需求，针对不同学生群体，设计不同的课程内容。

三、"汉语桥"线上团组的项目实践

"汉语桥"线上团组项目采用实时授课、视频课程和线上活动相结合的方式，依托"汉语桥"团组在线体验平台完成，因此也就把项目分成了两部分：录播课+直播课。在具体实践中，须充分做好方案规划，协调好授课教师、管理教师以及外国学生之间的关系。

录播课方面，为保证学生有更好的学习体验，录播课配有中英或中外双语字幕，并在开课前上传至"汉语桥"团组在线体验平台供学生学习。调研近两年来平台上各学校的录播课视频，大致可以把课程形式分成三类：以语言教学为主的视频课、以"云游"文化体验为主的视频课、以语言+文化体验相结合的视频课。以主题内容划分，可分为语言学习、双向交流、传统文化、当代中国等。"汉语桥"在线团组体验平台是一个开放的汉语学习平台，参与团组的学生不仅可以看到本团组的录播课内容，还可以自行学习公共语言课以及其他高校团组的视频录播课。

直播课方面，语合中心推荐使用"中文联盟"平台。中文联盟平台是一个较为成熟的线上中文教学平台。然而受限于网络，很多国家的学生不能使用此平台，只能使用学生比较熟悉的 ZOOM 平台。以笔者参与的两个"汉语桥"线上团组为例，由于团组学生超过了 100 人，为保证学习互动效果，把学生按照水平和人数分成了 3~5 个班级，邀请授课教师集体备课，保证课程内容与课程进度的一致性，采用以语言课程为主、文化交流体验为辅的教学形式。考虑到线上教学和线下教学的侧重点有所不同，线上教学需要将互动作为教学设计中最为关键的因素，以最大限度地还原线下课堂。因此在这两个团组的直播课中，均采用双师教学，由主讲教师和助理教师共同完成，特别在关键语言点操练上，由两位教师提供示范，课下则采用学习群组辅导答疑的形式。

教务管理方面，成立专门的教师队伍对学生进行全程管理，通过组建微信群组、whatsApp 群组的形式，与学生互动交流，下达作业要求，完成后端成果收集，解答汉语桥网站技术问题，并协助授课教师解答课后疑问等。教务管理对"汉语桥"线上团组的顺利开展发挥着重要作用，专业的管理团队将大大提升学生的参与感，并帮助督促学生产出质量较高的后端成果。

四、"汉语桥"线上团组与国情教学

近年来随着中国综合国力和世界影响力的逐步提升，中文学习在世界范围内越来越受欢迎。截至 2021 年年底，联合国教科文组织、世界旅游组织等 10 个联合国下属专门机构将中文作为官方语言，180 多个国家和地区开展中文教育，76 个国家将中文纳入国民教育体系，外国正在学习中文人数超过 2500 万，累计学习和使用中文人数近 2 亿。在此背景下，作为中文母语国的我们，肩负着教好中文语言、讲好中国故事、传递中华文化的责任。实际上，从 20 世纪的对外汉语教学到今天的国际中文教育，数十年来，文化教学问题始终是中文教学界的重要研究领域之一。如何通过润物细无声的方式，向外国人展现客观、真实的当代中国，是当下重要的课题之一。"汉语桥"线上团组在疫情大背景下，充分利用互联网优势，近两年来产出了一大批可用于国情教学的成果。

根据语合中心官网数据，2020—2021 年语合中心共组织了 200 多家教育机构面向海外实施 600 多个线上团组项目，平台注册学员涵盖近 190 个国家 9.56 万人。以 2021 年为例，"汉语桥"线上团组主题类别包括语言学习、当代中国、文化特色、双向交流及中文+特色项目等，内容可谓丰富多彩。例如"语言学习"的团组有大连外国语大学的"HSK 考试在线强化教学项目"、东北财经大学的"10 天挑战 100 句实用商务汉语体验项目"等；体现"当代中国"的团组有山东大学的"多彩中国社会"南澳地区青年学生线上交流项目、浙江财经大学的"江南文化与当代浙江"线上夏令营等；"文化特色"的团组有北京语言大学"中医瑰宝——针灸与按摩"主题交流营、哈尔滨师范大学的"欣赏 互鉴 共享"东北地域文化特色体验国际冬令营等；"双向交流"的团组有北京语言大学的"直播中国，连线拉美"中拉菁英青少年工作坊、重庆理工大学的"跨越时空，文明互鉴"——中越青年云端对话等；"中文+特色"的团组，如嵩山少林武术职业学院承办的"中文+武术""汉语桥—快乐武术学汉语系列之功夫家庭共享健康"线上体验夏令营；体现"中文+职业"的团组有西安航空职业技术学院的"踏上汉语桥，开启中文+焊接技能体验之旅"、新疆工业职业技术学院的"中文+冶金矿物加工技术主题交流营"、广东工贸职业技术学院的"汉语桥中文+工业机器人技术体验团组"等；此外还有与冬奥会主题相关的多个团组，如北京语言大学的"中法携手，共享奥运"主题交流营、"筑梦冰雪、情系冬奥"主题交流营、哈尔滨工程大学的"迎冬奥赏冰雪"语言学习项目、北华大学的"一起向未来，携手庆冬奥"主题交流营等。

由"汉语桥"团组在线体验平台可以看到，参与该项目的学校和机构遍布中国大陆各个省份，在主题选择方面也处处彰显了地域特点、文化特色。这些团组产出了许多高质量的录播课视频内容，为针对外国学生的中国国情教育提供了宝贵、丰富的课程资源，并为国情教学提供了新的思路和理念。

五、"汉语桥"线上团组的优势与不足

"汉语桥"线上团组打破了疫情带来的封锁，克服了地理空间上的困难，是一次成功

且具有创新意义的线上汉语学习体验。与传统的线下来华团组相比,线上团组充分利用现代教育技术在汉语教学中的优势。从受众群体上来说,线上团组覆盖到了更多的国家和地区,满足了更多外国学生学习汉语的需求,大大降低了参与团组的成本,甚至只要有网络,在世界各地都可以参加"汉语桥"线上团组的学习,享受到中国国内优秀汉语教师的教学资源;从投入成本上来说,举办方不需要承担学生来华衣食住行的费用,教务管理人员省去了全天管理的时间成本,学生也省去了来华游学的时间成本、经济成本;从产出成果上看,"汉语桥"团组在线体验平台上有非常丰富的针对中华文化、国情教学方面的视频资源,这些素材可以说是宝贵的财富,可供外国学生长期、反复观看学习。

此外,线上团组还扩大了"汉语桥"品牌项目在海外的影响力。在此之前,很多外国学生不了解"汉语桥"项目以及"中文联盟"平台,通过本次活动,外国学生不仅注册了汉语桥会员,还有了一次非常棒的汉语在线学习体验。汉语桥 App 及网站在当地的普及,为许多外国学生打开了一扇学习汉语的大门,对他们来说无疑是一个巨大的收获。

虽然线上团组有很多优势,但也有不足之处。首先,线上团组的体验不如来华团组的体验真切。线上终归是线上,相比实体团组每天沉浸式的在华生活学习,少了几分"中国味儿"。以笔者参与的"中国乡村行"团组为例,学生虽然对团组整体满意度达到了93%,但其中"互动交流"的满意度仅为54%。其次,线上团组受限于国外的网络状况,在网络不稳定的地区会遇到很大的困难。例如在委内瑞拉等拉美学生参与的团组中,受当地网络的限制,很多学生不能很好地参与直播课,如有些学生直播课上不能打开摄像头,还有的不能在线完成录播课的学习。最后,线上团组给承办方带来了更多的挑战。该项目虽然不需要承办方的工作人员时刻陪同学生,但精品视频的拍摄,双语视频的剪辑、制作,给承办方增加了更多的工作量,在技术方面也提出了更高的要求。相比线下来华团组,线上团组的筹备时间要更长、更精细。

结　语

实践证明,新冠肺炎疫情虽然冲击了国与国之间的人文交流,但不能阻挡外国学生学习汉语的热情;相反,疫情之下的线上课堂覆盖范围更广、操作成本更低、授课形式更加新颖,为世界各地的学生打开了一扇学习汉语的大门。同时,此次"汉语桥"线上团组也让国内各高校和机构越发重视现代教育技术在国际中文教育领域的应用。实际上,教育技术的发展始终合着新兴技术在教育领域应用的节奏,对汉语教学起到了积极的推动作用,疫情客观上促进了在线教育的发展。后疫情时代,如何继续利用现代教育技术创新发展线上教学,是国际中文教育转型发展的关键所在,也是国际中文教学的一项重要课题。

参 考 文 献

［1］王瑞烽.疫情防控期间汉语技能课线上教学模式分析［J］.世界汉语教学，2020（3）：300-310.

［2］巴丹，杨绪明，郑东晓，等."汉语国际教育线上教学模式与方法"大家谈［J］.语言教学与研究，2021（2）：1-14.

［3］马佳楠.《国际中文教育用中国文化和国情教学参考框架》的研制背景、意义及其内容特色［J］.国际汉语教学研究，2022（2）：25-30.

［4］郑艳群.汉语教学 70 年——教育技术的影响及作用［J］.国际汉语教学研究，2019（4）：69-76.

新时期高校来华留学生课程思政建设探究

高美娟①

（北京语言大学汉语国际教育学部）

摘　要　当今世界科技高速发展，新技术和新模式层出不穷，新冠肺炎疫情的大流行又深刻地改变着人们的生活方式和思维方式，我们所经历的时代正经历着百年未有的深刻变革。自"课程思政"的概念被提出来后，树人为核心、立德为根本的育人理念在高校已深入人心。然而来华留学生的课程思政建设却还处于摸索阶段，一直发展缓慢。研究来华留学生课程思政建设的重要性、存在的问题及其解决措施有重要的现实意义，它不仅关系到我国教育事业的长足发展，也将影响我国教育事业的国际认可度。

关键词　新时期；高校；留学生；课程思政。

改革开放 40 多年来，我国高等教育在教育普及化、提升科研能力、国际交流与合作等方面取得了历史性的伟大成就。随着高等教育逐渐步入大众化教育，高等院校办学规模也随之日益扩大，学生人数不断增加，专业化方向持续细化。通过"211 工程""985 工程"及"世界一流大学、一流学科"建设的持续进行，中国高水平大学和重点学科在主要国际排名中的位次整体前移，国际影响力不断提升，正处于由世界高等教育大国到高等教育强国转变的历史拐点。当今世界正经历着百年未有的深刻变革，互联网、大数据、人工智能等技术快速发展，新技术、新产业、新模式、新业态层出不穷，新冠肺炎疫情的大流行更是给全球社会和经济发展带来了革命性的变化，深刻地改变着人们的生活方式和思维方式。

在此背景下，习近平总书记早在 2016 年的全国高校思想政治工作会议上就指出要把思想政治工作贯穿教育教学全过程，开创我国高等教育事业发展新局面。在此之后，"课程思政"的理念也随即被提出。经过 6 年的发展，课程思政在国内学生教育和培养方面全面开花，取得了丰硕的成果。但通常认为课程思政理念不适用于外籍人士，在来华留学生教育领域未有相关的经验和模式，国内的相关研究、探索和尝试均较少。一般只有在少数

① 本文系北京语言大学校级教改项目"国际学生课程思政大纲和课程标准研发"的成果之一，项目编号为 GJ-KC-SZ2022001。

课程，如中国概况、中国文化中开展，但在传播中国文化、思想观念、道德规范、价值取向等方面很有限。部分教师分别针对单一课程研究如何进行留学生思政教育，并从思政元素、课堂教学、新媒体运用等方面探讨了留学生思政教育的方式方法，然而这些有益的探索还远不能满足中国特色社会主义高等教育的发展。因此，研究新时期来华留学生课程思政建设的重要性、存在的问题及其解决措施等具有重要的意义和深远的影响。

一、来华留学生课程思政的重要性

习近平总书记在 2014 年全国留学工作会议上强调，新形势下留学工作要适应国家发展大势和党和国家工作大局，统筹谋划出国留学和来华留学，培养造就更多优秀人才，努力开创留学工作新局面，为实现"两个一百年"奋斗目标、实现中华民族伟大复兴的中国梦不断做出新的更大的贡献。思想政治教育作为一个系统科学的教育工程，能够起到提升受教育者思想道德修养、规范受教育者思想行为的作用。我们党历来认为思想政治工作是经济工作和其他一切工作的生命线，留学生课程思政虽然还是新生事物，但直接影响着国家教育对外开放政策和高等教育事业的发展方向。对留学生开展思想政治教育，有助于加深留学生对中国法律法规、国情校情、经济文化的认识和了解。加强来华留学生思想政治教育是国家战略目标实现的客观需要，通过课程思政可以让留学生深入认识了解中国，如果运用得当，有助于新时期中国建立世界范围的"统一战线"，支援"一带一路"建设，服务国家外交大局。

来华留学生是联系中国与生源地国家的重要纽带，他们以亲历者身份传播中国文化，话语更加令人信服，有利于弥补新闻媒体国际传播力有限、总体声音偏小偏弱的不足。来华留学生教育既是两国科技、文化、社会等多领域交流融合的催化剂，也是提升我国高等教育开放、教育质量、国家软实力和国际影响力的有效途径，有助于提升我国高等教育在全球教育体系中的竞争力和影响力。因此，在高校里加强留学生课程思政建设，加深来华留学生对我国制度、国情、文化、科技的全方位正确的认识，培养更多知华、友华、爱华的高层次国际人士，将有助于进一步提升中国的国际影响力和全球地位。此外，开展来华留学生思政教育，更好地展现出我国社会主义事业的发展成果，也有利于将中国的发展模式与发展经验传递给全世界，让中国方案、中国标准、中国智慧造福全人类；同时，讲好中国故事，传播好中国声音，促进形成"共商、共建、共享、共赢"的全球治理体系。

二、来华留学生课程思政建设存在的问题

目前在各个高校学习的来华留学生，来源国多元化，政体、宗教、社会性质等诸多方面存在差异，这使得在对留学生进行课程思政建设方面存在着诸多问题。探寻新形势下留学生课程思政建设存在的问题，有助于找到相应的解决措施，逐步提升来华留学生的思政教育水平。

（一）顶层设计缺失，规划困难

来华留学生的多元化，使得不同社会制度、宗教信仰、文化国情的学生汇聚到一起，背景不同，难以调和个体之间的差异，总体规划难度很大。当前大部分高校普遍认为，思政工作仅适于中国学生，故在针对来华留学生制定培养方案之初，删除了军事训练课、思想政治课等课程。高校来华留学生教育以专业课程知识为主，对思政教育工作的忽视及认识偏差，导致来华留学生的思想道德和价值观学习教育不足，在高校生活学习期间，对中国政治、经济、文化、国情、社会等方面感知肤浅。现行的培养体系中通常以中国概况和汉语课来培养来华留学生的中国情结，但这类课程并未立足于中国特色的思想道德、政治、法律、制度和安全教育，从而导致来华留学生缺乏行之有效的课程思政教育载体和途径，留学生对中国文化、思想道德、价值观念等方面的学习不足，生活中对中国政治、国情、军事、外交等方面也是漠不关心或认识肤浅，甚至出现认知偏颇等问题。这些都对中国特色社会主义高等教育的发展及全球竞争力和影响力产生了不可小觑的阻碍。

（二）专业性的师资队伍不足

课程思政教育的实施场所重点在各个高校，高校教师是实施思政教育的主体。学校教育质量影响着留学生的综合素质，而师资队伍的教学水平直接关系到课程思政的建设水平。由此可见，高校的师资力量对留学生思政教育有至关重要的作用。2017年，我国教育部、外交部和公安部联合制定了新的《学校招收和培养国际留学生管理办法》，对来华留学生的教学管理、校内外管理、师资队伍建设等做了规定，其中明确要求建立一支政治可靠、能力突出、勇于担当、长于思政的管理和教师队伍。然而，实际的留学生课程思政教育模式还比较守旧，与全面育人的目标还有较大的差距，师资队伍的综合素质也偏低，影响了课程思政在留学生教育中的有效实施。

（三）缺乏针对留学生课程思政的管理协调机制

当前大部分高校在对来华留学生的管理和培养方面均存在脱节的现象。目前来看，高校基本不组织来华留学生参加军训等政治性活动。在留学生教育的一般体系中，学历教育的课程培养方案审核归教务处和研究生院，非学历教育的课程培养方案由系部、教研室指定。课程教学安排和实施主要在高校下设的二级学院，日常管理通常在国际处、留学生办公室，对国际学生的意识形态管理一般主要集中在年龄、国籍、宗教信仰等基础信息方面，在管理和培养上存在脱节现象，难以实现协同育人、全面育人、全方位育人的总体目标。来华留学生的课程思政在没有主要职能部门牵头的情况下，很难引起足够重视并获得整体推进，工作协调机制的欠缺也让留学生的课程思政整体工作陷入半真空或无序状态。因此，需要统筹管理和培养，发挥各个职能部门的协同育人机制，将思政教育融入管理和培养的全过程中，发挥各自优势，形成全校联动的培养模式。

（四）没有健全的质量评价和激励体系

我国高校来华留学事业现在还处在扩大规模、优化结构、提质增效的初级阶段，虽然在数量、生源国多元化、学位申请、学科拓展等方面取得了一定的成绩，但与欧美发达国家相比，整体还有很大的差距。当前课程思政的教育教学体系和配套并不完善，留学生的课程思政也没有成熟的质量评价体系。授课教师研发针对留学生课程思政的教材热情低，积极性不高，包含思政教育内容的数字化课程资源也相对匮乏。围绕来华留学生的课程思政教学标准、质量评价、评估激励等制度配套，无法跟上来华留学事业的发展步伐。

三、解决来华留学生课程思政建设问题的措施

（一）统筹规划，确定课程目标

现在面向留学生招生的高校众多，地域、学科、专业又各不相同，应充分发挥高校的特色和优势，制定出具有一定特色的培养体系。将价值塑造、知识传授和能力培养三者融为一体，深入挖掘各类课程和教学方式中蕴含的思政资源与精神内涵，科学合理拓展知识体系的广度、深度和温度。通过带领留学生研读中国经典作品，引导留学生认识中华文脉，增强留学生对中华文化的认同感。以现有的中国学生通识课程，如中国概况和汉语为基础，以专业课程为增长点，大力建设留学生思政教育精品示范课程，深入挖掘和提炼两类课程中蕴含的思政教育元素，稳步推进课程思政教育。在人才培养方案中明确德育和素质的要求，修订课程体系和课程教学标准，在"课程设计、课程实施、课程评价"全过程中落实"课程思政"要求，对课程设置、课程大纲、课堂教学、课程评价、教学反思等各环节设置标准。要在课程教育中多视角展现中国特色社会主义道路自信、理论自信、制度自信、文化自信，阐明中国特色的发展道路及其对世界发展的意义，将价值观引领寓于知识传授与能力培养之中，展现中国人民追逐梦想、实现梦想的道路，塑造中国国家形象。

（二）润物无声，打造思政队伍

一线教师队伍始终是来华留学生思政教育的关键所在，因此，打造一支负责任、勇担当、高素质的教师队伍是提升思政教育水平的必由之路。高校应组建三支思政队伍：第一支队伍由专任教师、思政辅导员、班主任构成，负责安排留学生的课内外教学，保障教育过程和留学生活思政教育的顺利实施；第二支队伍由校党委、国际处、教务处、研究生院、各二级学院、专业系所组成的联合管理队伍，明确分工、落实责任、协同育人，发挥在思政教育中的组织实施、过程管理、考核评价等作用；第三支队伍由学校各类服务保障部门构成，如学生公寓、食堂、文体中心、医院等，因为他们都在服务留学生的第一线，也要树立正确的价值观和思政教育的意识，展现自己的风采，关心和帮助留学生，潜移默化地影响他们。通过上述三支队伍建设，形成一支各司其职、精于业务、协同配合的留学

生思政教育队伍，实现思政教育的有的放矢。

（三）特色鲜明，完善教材研发

课程和教材是思政教育的重要载体，教材建设是留学生思政教育的重要环节。在全面推进新时代教材体系建设时我们更要着眼于留学生课程思政教材的研发，完善面向留学生的教材开发制度，突出专业课程的价值取向，充分体现不同课程的特色与优势，形成特色鲜明、优势突出、交叉互补的教材内容体系。同时，留学生的思政教材还要考虑基础课程和专业课程两大类，二者都要坚持以马克思主义中国化的理论为指导，坚持创新发展的思路，坚定中国文化自信和学术自信，彰显中国立场、中国智慧、中国价值的信念和信心。把习近平新时代中国特色社会主义思想有机融入各个教学环节，在知识传授中注重主流价值观引领，实现润物无声的效果。具体可从以下三方面着手：①完善教材建设管理机制，严格按照中央相关指导精神进行教材编写、管理和应用，针对基础课和专业课不同特点，分门别类地将思政元素与知识点有机地结合在一起，让留学生感到不突兀、易接受。②加强留学生教材建设的激励机制，激发高校教师编写教材的热情，鼓励广大教师在现行留学生教材中融合课程思政的培养理念和内容，加快建设包含思政教育内容的数字化课程资源。③注重将习近平新时代中国特色社会主义思想、中国国情、地理、文化、历史、经济等融入留学生教材中，教材建设要体现知识性、时代性和中国化特点，强化留学生学习教材对中国的全面展示。

（四）示范引领，加强宣传推广

教学成效和质量是评价课程建设成败的核心要点，留学生思政教育的主导在教师，质量反馈在学生，制度保障在考核评价体系。因此，各个高校要建立科学合理的思政教育质量评价体系，建立健全学生及教师评价、监督和反馈机制。一方面，督促留学生掌握好专业知识的同时，全面了解中国，加深对中国的正确认识；另一方面，开展教师考评工作和制定适当的激励措施，做好学生和专家评教，将教师的留学生课程思政成效作为教师职称评定、职务晋升、绩效奖励的重要依据，增强教师的责任感和积极性。定期在校园开展与留学生课程思政建设相关的优秀个人评选，以示范引领促提升。鼓励教师将思想政治教育元素有机融入课程教学，通过新老教师之间的"传帮带"，辐射带动助力成长，在全体教师中营造进行留学生课程思政教学改革的良好氛围。树立一批留学生思政教育的榜样教师，在全校范围内宣讲、报告，加强宣传推广与示范作用。

结　语

在来华留学教育高速发展的新时期，在国际国内形势不断变化的情况下，关心爱护留学生群体，做好高校来华留学生的课程思政工作显得更为艰巨而复杂，它不仅关系到我国教育事业的长足发展，也将影响我国教育事业的国际认可度。当前，对于来华留学生的课程思政教育还处于摸索阶段，由于留学生背景不同，培养过程中还存在一定不足。留学生的管理、培养和教育跨部门、跨院系、跨学科，是一项复杂的系统性工程。因此，需要我们站在面向国家外交战略需求的高度，以共建"人类命运共同体"的理念，去开展来华留学生的培养，要更加注重将课堂思政纳入学生培养体系。从顶层设计、课程设置、教师、教材、评价体系等方面着手，全面协调全方位育人，培养一批知华、友华、爱华的高层次国际人才，将中国的发展模式与发展经验传递给全世界，让中国方案、中国标准、中国智慧造福全人类。

参 考 文 献

［1］牛百文. 高校来华留学生课程思政建设与实践路径研究［J］. 开封教育学院学报，2019（12）：212-214.

［2］李瑞婷，赵军，邓帅，等. 新时期来华工科留学生课程思政探索——以天津大学能源动力学科为例［J］. 高教学刊，2020（23）：10-12+15.

［3］苏瑞. 来华留学生思政进课堂教学改革探析——以新媒体教学在"中国概况"课程中的应用为例［J］. 科教文汇，2019（10）：52-54.

［4］过国娇. 在留学生教学中开展课程思政的教改探析——以"中国概论"课程为例［J］. 文教资料，2019（6）：175-176.

中医汉语课程思政教学理念与模式

陈 璐①

（北京语言大学汉语学院）

摘 要 本文以案例分析的方法，探讨了中医汉语课程思政教学理念、中医汉语课程思政的教学模式和中医汉语课程思政的教学路径三个方面内容。本课程思政的主要目的是在教授过程中，以潜移默化的形式将中医知识所蕴含的思政元素传授给来华留学生，培养知华友华的高级汉语人才。

关键词 中医汉语；课程思政；来华留学生。

引 言

为落实课程思政育人理念，国际中文教育背景下来华留学生课程思政是一个非常值得探讨的问题。以中医汉语课为例，中医作为中国文化的重要组成部分，有丰富的思政素材值得挖掘。中医汉语课作为国际学生的文化课程之一，中医汉语课同样要从中医文化的角度进行思政教学。思政教学方面中国学生和来华留学生存在不同，所以在中医汉语课程教学中，我们有不同的探索，要进行不同的课程教学方法、教学理念、教学模式的研究。本课程思政的主要目的是在教授中医汉语的过程中，以潜移默化的形式将中医文化知识所蕴含的思政元素传授给来华留学生，通过中医汉语课着重培养外国留学生对于中国文化特别是中医文化的浓厚兴趣，加深留学生对中国传统医学的了解，从中医汉语学习过程中感受中医文化所传递的精神品质，最终以中医汉语专业知识教学与课程思政教学相融合的形式将中医文化中的优秀思想、美德、品质传递给留学生，从而在教授语言和文化的同时培养德才兼备的新型汉语人才。

一、中医汉语课程思政教学理念

中医汉语课程思政教学以培养来华留学生掌握中医知识、感知中医文化传统美德，培

---

① 本文系北京语言大学校级教改项目"来华留学生汉语言专业虚拟教研室"的成果之一，项目编号为 GJ-XN-JYS2022001。

养知华友华、德才兼备的高级汉语人才为目的。作为留学生的文化课程之一，中医汉语课深受留学生的喜爱。结合国内"大思政"背景，中医汉语课程思政对于培养来华留学生具有重要意义。基于中医文化自身独特性，中医汉语课有着专业性、知识性和体现古老中医文化等特点，本课程思政在上述特点的基础上具备一定的创新性和挑战性。

（一）中医汉语课程思政的目的

在 2020 年 5 月 28 日教育部发布的《关于印发〈高等学校课程思政建设指导纲要〉的通知》（教高〔2020〕3 号）文件中明确指出："培养什么人、怎样培养人、为谁培养人是教育的根本问题，立德树人成效是检验高校一切工作的根本标准，必须将价值塑造、知识传授和能力培养三者融为一体、不可割裂。"在过去很长一段时间里，课程思政主要针对中国学生。对于来华留学生思政方面的问题，大多是一带而过。但是针对外国留学生的课程思政也是不可忽略的问题。对于来华留学生的课程思政内容不应将对中国学生的教育内容直接挪用，这不符合国际中文教育的特点，同时对于留学生在课程思政上不主张过分强调政治制度、思想意识形态等内容。因此就要充分体现"因材施教"的教育原则，深刻思考和挖掘适合来华留学生的课程思政内容。以中医汉语课为例，对于来华留学生所开设的中医汉语课就是一门非常适合融入思政内容的课程。但中医汉语课程思政，并不仅仅是简单地将中医文化知识与思政元素直接相加，而是在中医汉语课的课堂上，在教师教授丰富深刻的中医知识的过程中，将中医汉语课程中适宜培养留学生优秀道德品质的思政元素融入其中，达到"一加一大于二"的效果。本课程思政主要在于培养来华留学生体会传统中医文化和感知中国传统美德的能力，意在选取能够使留学生感同身受并且有利于其自身发展的内容，培养知华友华品德高尚的高级汉语人才。对于国际中文教师而言，中医汉语课程思政也是一个"讲好中国故事，展现国家形象"的机会。

（二）中医汉语课程思政的重要性

国际中文教育课程思政是高等院校课程思政不可或缺的一部分。国际中文教育作为一门语言教育学科，对于学习者来说简单的文化知识是在学习语言过程中所必须掌握的一项内容。而中医作为中国文化的重要组成部分，也是文化教学之中不可缺少的部分。很多来华留学生对于神奇的中医文化都抱有十分浓厚的兴趣，这部分文化知识是他们十分想要了解与学习的内容，这为中医汉语课程思政提供了可以实施的现实基础。在中医汉语课程中合理运用思政元素，坚定文化自信，将中华传统美德、优秀品质融合在课程之中，达到培养知华友华高级汉语人才的任务。近年来中医以强势的吸引力在国际社会中不断散发着不可阻挡的魅力。大疫情时代背景下，中医和中药在应对突发传染性疾病方面取得的成效有目共睹。综上所述，对于来华留学生中医汉语课程思政这一构想，具备创新性和极强的实践操作意义。

中医文化承载了五千多年来中国古代医家的智慧与经验，其内容十分丰富。除了中医药专业知识，还包含了内涵丰富的中国古代哲学思想。不论是中医基础理论、中医诊断学这一类专业基础教材，还是普及中医药文化的书籍，对中医文化的描述都十分专业、详尽。然而对于学习汉语的国际学生来说许多内容并不是必须掌握的，学生通常对中医文化知识十分感兴趣，但在理解和学习上存在着一定的困难。所以在中医汉语这门课程中适当融入思政元素，会对学生理解中医专业知识、感受中国文化起到促进作用。

中医汉语课程中所包含的思政元素十分生动丰富。中医学理论体系有两个基本特点：一是整体观念，二是辨证论治。整体观念是指中医学是在古代的唯物论和辩证法思想指导下，从"天人合一"的整体角度观察生命、健康、疾病等问题；辨证论治是在临床诊治疾病的过程中，通过四诊收集临床资料，探求病因病机，以确立治则治法，这是辩证思维的过程。试从中医学理论体系的两个基本特点入手，在中医汉语课堂中融入思政元素，以此培养学生整体观念和实事求是精神，以及具体问题具体分析的辩证思维。将自己与外界事物紧密结合，以整体观念思考问题。引导学生用辩证的眼光和态度对待人生与生活中的困难，特别是在学习汉语过程中所遇到的难题，树立正确的学习观念，调节学习压力。鼓励学生将中医整体观念和辩证思维融入自身学习之中，以良好的心态迎接和面对困难与挑战。悬壶济世、医者仁心、大医精诚，是中医著作中对医德的描写，然而这些词语所包含的意义不仅是传统中医文化对医生所应具备的品德进行的约束，更是中华优秀传统文化对于人们美好品质之期望的具体体现。救济世人、仁爱正义、精益求精、品德高尚，不仅用于描述医生崇高的职业操守，也可以在教授中医汉语课程时与课程相结合，帮助留学生塑造良好的品格。"治未病"思想是中医防治原则的重要内容之一，未病先防既是中医防治原则的重要体现，也是十分健康实际的生活理念。在疾病发生之前居安思危、注重预防、锻炼身体、养生健体，以此提高自身免疫力。教授中医汉语课程时恰当融入"治未病"思想和中医养生理念，着重于培养留学生健康的生活方式与养生健体的习惯，有利于留学生在异国他乡健康生活，快乐学习。

基于以上的原因，中医汉语课程思政对于来华留学生的培养极具重要意义。

（三）中医汉语课程思政的特点

中医文化是中国传统文化中极具代表性的部分，在国际社会引起广泛关注。中医汉语作为留学生专门用途汉语课程，具备专业性、知识性，课程内容体现古老中医文化等特点。专业性体现在课程教材选材注重中医文献的严谨性，课程中涉及了中医词汇、句式等知识，弥补了普通汉语教学及教材中医药相关专业词汇及知识的教学盲点。知识性体现在学习中医汉语的过程中，课文及生词蕴含丰富的中医文化知识。对于没有接触过中医药相关知识和缺乏中医药知识背景的来华留学生来说，中医汉语这门课程将带来大量的中医学核心知识内容。中医汉语课程还具有体现古老中医文化的特点，中医诞生于原始社会，春秋战国时期中医理论基本形成，之后历代均有总结发展，至今已有数千年的历史，古老的中医文化凝聚了五千年来中国医家的大智慧，在国际范围内有着极为深远的影响。

基于上述中医汉语课程的三个特点，中医汉语课程思政在这三个特点的基础上还具备创新性和挑战性的特点。创新性在于，以往的教材与课程中思政元素较少，所以在课程内容和教授方法上都需要创新。而之所以具备挑战性，是因为教材与教授方法需要进行创新，因此对于教师来说这无疑是一项艰巨和复杂的任务，带来了巨大的挑战。

二、中医汉语课程思政的教学模式

中医汉语课程思政的重要性在于教师在课前深刻挖掘课程中的思政元素，这是一项具有创新性和挑战性的任务。本课程以博大精深的中医药文化为内容，可挖掘的思政元素十分丰富。基于现代化科学技术手段的广泛应用，中医汉语课程思政的实现途径与方法也十分新颖多样。因此中医汉语课程思政的教学模式主要可以借助信息化智慧化平台、课堂体验式教学和第二课堂教学等形式实现。

（一）利用碎片化时间借助信息化智慧化平台实现中医汉语课程思政

中医汉语课程思政可以充分利用碎片化时间和借助信息化智慧化平台得以实现。例如使用微信公众号功能推送包含中医文化的文章，内容可主要包含中医文化、中医医家小故事，通过文字讲述、插图诠释，并且配上语音视频的方式，对中医文化知识进行讲解。教学方法采用任务型教学方法，在推文的开头设计简单的客观题目，引导学生在阅读推文和观看视频的过程中寻找答案，以加强学生对文章内容的理解。利用微信公众号推送文章还可以借助公众号互动功能——留言，在推文结尾设计以开放型答案为主的随堂作业（主要对涉及中医文化中蕴含的思政元素向学生进行引导式讨论型的提问），学生可利用这一互动功能对该推文中所推送的中医汉语课程中的文化知识及思政内涵进行讨论，教师也可借助这一功能及时得到教学反馈。

抖音 App 作为小视频平台的典型代表，其国际版 TikTok 在世界范围内具有一定的影响力。该软件在留学生中的流传度和接受度较高，利用这一平台进行中医汉语课程思政也是值得尝试的方案。抖音以精美的小视频作品吸引人们利用碎片化时间接收信息。利用碎片化时间进行中医文化的教学，在其内容中融入一定思政元素，更利于学生对该内容的接受和吸收。教师可借助抖音平台建立自媒体账号，拍摄时间短但内容和表达形式较为简单新颖的中医文化小视频，其中融入一定的中医故事、中医典故、中医哲学思想等内容，在平台进行投放。抖音平台的点赞、转发、收藏等功能有利于中医汉语课程思政自媒体账号的传播，吸引更多来华留学生关注和学习。留学生还可以在评论区对视频的内容发表感想，也能通过与中国用户的交流讨论来帮助其进一步提升汉语交流能力及对课程的理解。

（二）利用课堂体验式教学对中医文化中思政元素进行深入理解

对于一些较为抽象的中医文化，更适用于在课堂上采用以体验式教学的方法进行教授。在教授这类抽象的中医汉语内容时融入思政元素，以体验的方式可以让学生有更加深切的感受。例如：整体观念这一理论，在学习完课文内容后留出一部分时间进行关于八段锦的体验式教学，以此来促进学生对于"整体观念"思想的理解。八段锦锻炼讲究放松身心，结合自然环境的阴阳消长，顺应自身情况，达到人与自然和谐统一的状态，也即"天人合一"。教师播放八段锦教学视频并对动作逐一分解教学，邀请学生模仿。在此过程中可以让学生体会身体与周围环境，以及身体各部分的和谐统一，最终达到身心统一、人与自然和谐的状态。关于"治未病"思想，可在课堂中通过学生喜闻乐见的中国饮食文化体验式教学，对中医食疗药膳介绍，并邀请大家品尝和体验制作。在学生对一些养生食疗药膳品尝的同时，融入中医文化中思政元素——居安思危，讲解健康养生的生活理念。利用体验式课堂教学活动，使深奥、富有哲学内涵的中医文化学习充满趣味性，从而使课程思政与中医汉语课程紧密结合，更利于取得理想的课程思政教学成果。

（三）利用第二课堂使中医汉语课程思政内化于心外化于行

第二课堂相对课堂教学而言，形式更加多样、内容更加多元、选择更加自由，它有着涉及面广、操作灵活的特点，学生可以依据自己的兴趣，在完成教学大纲所规定的内容之外，根据第二课堂的开设，选择自己的拓展课程内容，有计划地发展自身的综合素质。中医汉语课程应该在课堂教学之余积极开展第二课堂，在学生喜闻乐见的实践活动中将思政元素融入其中。例如带领学生参观中国医史博物馆、北京中医药大学中医药博物馆等，让学生了解中医发展的悠久历史，领略中医文化风采；带领学生到中医医院体验针灸、推拿等中医即时疗法的奇妙；在课余时间举办"讲述中医名家故事"主题演讲比赛，在准备参赛的过程中学生可以从中得到中医哲学思想对生活的启示，同时加深对悬壶济世、心系苍生的理解。第二课堂与第一课堂紧密结合，使中医汉语课程思政真正做到内化于心外化于行。

三、中医汉语课程思政的教学路径

为了弥补目前中医汉语课程思政教学的不足，我们要通过提高国际中文教师中医文化素养，加速建设中医汉语资源平台、优化智慧化教学手段，推进中医汉语课程思政教学大纲的规范和制定，来建设和探索中医汉语课程思政的教学路径。

（一）提高国际中文教师中医文化素养

一堂具有思政内涵的中医汉语课程，需要教师具备较高的中医文化素养。只有教师对于中医文化内涵有着较为深刻的理解，才能精确把握提取复杂深奥的中医知识中的思政元素，以简单易懂的方式教给来华留学生。这种由"难"到"简"的转化能力是国际中文教师所需要具备的，与此同时又需要根据来华留学生的特点融入适合其群体的思政要素，这无疑是一种挑战。中医饮食养生文化，是在中医理论指导下，研究食物的性能，根据食物的性味归经及其功能作用，合理地调配膳食，从而达到保健强身、防老抗衰的作用。以夏季饮食养生教学为案例的体验式中医汉语教学，要求教师对中医养生理念具有较为全面的了解，才能在教学过程中精准把握教学内容，将中医养生理念中的思政元素与课程内容有效衔接与融合。

在中医汉语课程《饮食养生，盛夏的味道》这一课中，教师根据"顺应四时，因季而食"的中医理念进行思政元素的教学。从教学目标来看，通过课程学习，学生可以理解夏季养生谚语，通过对谚语的学习，能够准确掌握中医饮食养生文化中关于夏季的饮食原理；学习完课程，学生能够学以致用，正确认知有关适宜夏季健康饮食的食物；能够养成良好的夏季饮食习惯，充分体会中医健康养生的生活理念。为了便于教学，教师可以提前准备绿豆汤及中药相关的图片。

从教学过程来看，第一步组织教学阶段，教师走入教室与学生打招呼。打开多媒体设备展示天气炎热的图片，引导学生进入情景。教师导入课程，向学生介绍中医"中暑"的概念（教师结合图片介绍有关"中暑"的知识，目的是说明"中暑"是一种病态的表现），导入本节课的主题"饮食养生，盛夏的味道"。第二步新课学习环节，教师展示绿豆汤（粥）的图片以及实物，邀请学生说说这是什么东西，品尝后是什么味道。第三步导入本节课需要重点学习的言语（利用多媒体设备）："夏天一碗绿豆汤，解毒去暑赛仙方。""防暑消热毒，多喝绿豆汤。"第四步讲解环节引出《随息居饮食谱》中关于绿豆的描写："绿豆甘凉，解暑止渴。"从而得出结论：在炎热的夏日，喝绿豆汤可以去暑解毒，使身体内外平衡，利于养生，于是便有了"夏天一碗绿豆汤，解毒去暑赛仙方"或"防暑消热毒，多喝绿豆汤"的说法。第五步进行课堂讨论，学生分小组讨论，自己国家夏季是否有"中暑"的说法？一般吃哪些食物"去暑"？请学生以小组为单位回答问题。第六步复习本节课的重点词语和谚语。课程结束前布置家庭作业，作业结合本课教学制作夏季饮食小食谱，作为课后延展性练习。

（二）建设中医汉语的资源平台，优化智慧化教学手段

现阶段国际中文教育资源平台和智慧化教学手段蓬勃发展，但针对中医汉语这门课程的内容还不多。为了更好地开展这门课程及课程思政的教学，应该大力建设中医汉语资源平台，优化智慧化教学手段，建设中医汉语语料库，借助新媒体手段（如微信、抖音）进行中医汉语课程思政教学，开发中医汉语游戏小程序，促进在线教学平台中医汉语课程的发展等。用更加智慧化、信息化的方式，在学习过程中增加有效性和趣味性，以此帮助来华留学生更好地掌握中医汉语，感知中医文化。

（三）中医汉语课程思政教学大纲的规范和制定

中医汉语所要教授的主要内容包括两个方面：一是普通汉语，二是中医专业知识。在

教授这门课程时，中医专业知识与普通汉语的比重应该如何分布是一个目前还未得到解答的问题。以往的中医汉语教材大部分以中医文献作为课文内容传递中医文化，在学习课文的同时对于中医词汇、句式、文化等要素进行教学。但是对于想要了解中医文化和接受预科汉语教学这两类不同目的的学生而言，在教学内容上并没有进行明确的划分，这就造成学习内容的难易程度区分度不够。除此之外，中医文化、理论、词汇在编写中也不够系统。中医汉语课程思政内容如何挖掘？哪些思政元素是适合融入中医汉语这门课程的？哪些思政内容是来华留学生需要掌握、可以接受并且可以起到课程思政目的的？这些都是亟待解决的问题。目前中医汉语课程思政在各大高校均有开展，但是教学内容、教学大纲存在不统一的现象。为了保证课程思政取得更好的效果，需要核心院校共同讨论研制一个新的、规范的中医汉语课程大纲，特别是中医汉语思政课程大纲，这有利于中医汉语课程思政教学的科学化和规范性。

结　语

中医汉语课程思政通过中医汉语课，以学生可以接受、喜闻乐见的方式将思政元素融入课堂之中。国际中文教师充分利用信息化平台和第二课堂，以"讲好中国故事，展现国家形象"的方式培养德才兼备、知华友华的高级汉语人才。本文对"课程思政"中可能会存在的问题进行简要分析论证，以期这门课程获得良好的课程思政教学效果。

参 考 文 献

[1] 教育部关于印发《高等学校课程思政建设指导纲要》的通知［EB/OL］.［2020－05－28］. http://www.moe.gov.cn.

[2] 王键. 中医基础理论［M］. 北京：中国中医药出版社，2016.

[3] 余裕昌，万信，郑晓丽. 健身气功八段锦的中医基础理论分析［J］. 中医外治杂志，2021（3）：94-95.

[4] 杨雪莲，赵振军，冯佳，等. 多样化第二课堂教学模式激活高校大学生的学习热情［J］. 西南师范大学学报，2014（7）：202-205.

[5] 宋俐，汪华. 中医饮食养生探析［J］. 湖北中医药大学学报，2013（5）：47-49.

[6] 张瑛. 对外汉语教学中的中医文化课教学设计 ——以夏季饮食养生教学为例［J］. 现代交际，2018（8）：187-189.

[7] 徐静. 中医汉语综合教程［M］. 北京：北京语言大学出版社，2013.

附：公众号案例

本案例所选课文是《中医汉语综合教程》第一篇中医基础理论知识的第一课《日月

与阴阳》，借助信息化平台微信公众号的推文功能进行中医汉语课程思政教学。

课程为微信公众号推送线上课程《日月与阴阳》。具体教学方法通过公众号发布推文，推文主要内容包括三个部分：

1. 课前任务（客观题目）：浏览课文填入合适答案

（1）中国古代哲学认为，世界上任何事物都有（　　）、（　　）两个方面。

（2）太阳为（　　），月亮为（　　）；山的南面（　　），为阳，山的北面，（　　），为阴。

（3）阴阳（　　）才能保证身体健康，任何一方面太过或者不足，都会引发（　　）。

2. 课文内容、动画视频

公众号推送课文内容、生词，并且在课文内容之后附上与课文内容一致的动画帮助学生理解。

课文内容：课文是《中医汉语综合教程》第一篇中医基础理论知识的第一课《日月与阴阳》

动画视频：主要采取朗读课文伴随动画形式，以促进学生对课文内容的理解。

3. 课后思考题目

课后思考题主要设计开放型问题，加入课程思政元素，引导学生使用微信公众号推文的留言功能进行回答。例：课文中最后一段提到的"阴阳平衡"的概念还可以运用到解释生活中的那些现象呢？

海外华文教育中如何讲清楚中国道路

韦九报[①]

（北京华文学院）

摘　要　海外华文教育是中国国情教育的重要领域。外界对中国道路的误读，有意识形态之争，也有对中国崛起的不解与恐惧。对中国道路的阐释，不能仅仅停留在现实原因陈述，更应该赋予中国道路以历史的逻辑和文化的必然。海外华文教育一要喻之以利，讲清楚利害得失，争取利益共识；二要晓之以理，讲清楚地理历史，争取逻辑共识；三要明之以义，讲清楚文化精神，争取文化共识；四要讲清楚人类悲欢，争取情感共识。

关键词　中国道路；海外华文教育；中国历史；中华文化。

引　　言

当"世界百年未有之大变局"与"中华民族伟大复兴战略全局"同期叠加，中国在日益走近世界舞台中央的同时，也面临着前所未有的外部压力与挑战。海外华文教育应着力消解外部压力，营造良好外部环境，为中华民族伟大复兴大业保驾护航。

外部世界之所以对中国误读、误解、误判，除了固有的意识形态之争，还在于对中国迅速崛起的不解和恐惧。以前，后发展国家发展缓慢，而中国用几十年时间走完了发达国家几百年走过的工业化历程；以前，世界主要发达国家实行的是资本主义制度，而中国以社会主义的制度实现了国家发展；以前，西方国家把"民主"形式化为"一人一票"的普选制，而中国道路向世界表明，维护好最广大人民群众根本利益才是实质民主；以前，西方认为，只有多党制才能达到权力制衡，而中国道路表明，协商政治与良政更能实现政治清明、国家治理；以前，近代大国的崛起主要是依靠非和平的扩张，而中国道路表明，国家的现代化可以通过和平发展来实现；以前，世界认为多民族国家一定矛盾重重，而中国多元一体的中华民族共同体和谐共生；以前，人们说历史将终结在西式的资本主义制度

---

① 本文系《习近平谈治国理政》多语种版本国际学生"三进"建设项目"来华留学生汉语言专业三进建设的创新与实践"的成果之一，项目编号为 GSJG202201。

下，而中国道路事实胜于雄辩地向世界表明，历史没有终点……

中国道路为什么和西方道路不一样？为什么能成功？中国会不会搞意识形态输出？回答这些问题不但是化解外部误解的需要，也是海外华裔学生、华侨华人社会渴求知道的，更是我们继往开来、夺取更大胜利的需要。

一、中国道路成功的原因

"从鸦片战争到中国共产党统一大陆之前，世界各国都以轻蔑的态度对待中国，肆无忌惮地欺负中国"。但在中国共产党的领导下，中华民族不但成功脱困自救，而且在荆棘丛生的荒原上自力更生地走出了一条宽阔坦荡的大路——中国特色社会主义道路。今天，无论外界愿不愿意，中国道路带来的发展成就已经有目共睹。

为什么中国能走出这样的道路？习近平总书记指出："中国特色社会主义这条道路来之不易，它是在改革开放30多年的伟大实践中走出来的，是在中华人民共和国成立60多年的持续探索中走出来的，是在对近代以来170多年中华民族发展历程的深刻总结中走出来的，是在对中华民族5000多年悠久文明的传承中走出来的，具有深厚的历史渊源和广泛的现实基础。中国发展道路的形成有其现实基础，也受益于中华文明的思想文化。"

现实方面的基础有三个：政治基础是国家能力强大，拥有一个高效的治理体系；社会基础是稳定平等、人民健康、教育普及；物质基础是独立自主的工业体系和产业体系。但是，教育是做人心的工作。除了现实因素，我们还必须寻找到更能打动人心的答案。

根本原因，恐怕还是要从"人"身上找。"中国的事情能不能办好，社会主义和改革开放能不能坚持，经济能不能快一点发展起来，国家能不能长治久安，从一定意义上说，关键在人"。"制度发挥好坏，取决于运行制度的人"。"要估价一种文明……是看它能够造就什么样的人"，所以，探索中国道路的根本成因，不能仅仅从经济、社会等现实层面去追寻，更要追溯历史现实、深入到精神文化层面。

我们将以问题为导向，探索问题背后的历史、文化原因。

二、中国道路的历史文化根基

（一）为什么中国不搞自由经济，而选择了社会主义市场经济？

社会主义市场经济，就是通过市场经济取得资源配置的最优化，通过社会主义来保证宏观稳定和社会公平正义。

第一，中国的自由商品经济由来已久。黄河冲积平原的肥沃平坦带来的农业生产的富足加上对外地物资（如盐）的需求，催生了商品经济。秦始皇统一六国，第一次形成了全国统一的商品市场和货币。而在欧洲直到17世纪民族国家形成之后才有了内部统一的市场，比中国晚了近两千年。中国到了宋代，市场经济已经达到高峰，出现了信用货币"交子"。明清时国内商品经济也十分繁荣，钱庄遍布全国，集团性的晋商、徽商群体涌现。

第二，中国实行土地私有历史悠久。自从井田制被破坏后，中国早在春秋时期就进入了土地私有、可以自由买卖的历史阶段。私有制与自由商品经济的肆意发展导致的兼并与垄断，使得社会贫富差距加大，社会公平正义受损，农民因此起义，王朝因此更替。这个周期与所谓的历史治乱周期高度重合。只是，每一次王朝更替都是流血漂橹的人间惨剧。对此，中国古人早已洞察利弊。王安石所推行的一系列改革变法，已经有国家对市场进行调控，政府保证社会公平正义的光辉。也是看到了资本主义周期性的经济危机、金融危机，中国才更加坚信自己的道路。无论怎么改革、开放，坚持社会主义始终是四项基本原则的第一底线。失去这个底线，中国就会回到历史的循环中去，那样的话民族遭受的苦难将不可想象。

（二）为什么中国不搞西方式的一人一票，而实行人民代表大会制度？

学者将中国实行的人民代表大会制度概括为"实质民主""全过程民主"，即以最广大人民的长期根本利益为旨归的民主。

第一，从历史文化角度看，与西方的个体主义相比，中国人更推崇民本主义。商周之际将政权合法性从"尊神"转为"敬德"，"皇天无亲，惟德是辅"的理念使得中国人始终关注"人"的利益。政府只有照顾了绝大多数人的福祉，才能被称为得"民心"，得"天命"，才具有合法性。政府必须以人为本，承担了对人民的无限责任，人民也对政府有极高的期许和要求，这与一人一票形式选举出来的政府不可同日而语。

第二，从现实角度看，因为中国具有超大的疆域面积，不同发展水平、不同地理文化的人们必然有着不同的诉求。一人一票或各自为政必将会导致分裂。近代以来，中国也曾尝试过普选建政，省宪运动中，多个地方性的宪法都已经出台了，但最终却成为军阀割据的合法外衣。形式民主并不能保障最广大人民的根本利益，甚至在西方民主的源头古希腊，所谓的民主政治，投票处死了他们伟大的哲学家苏格拉底。

（三）为什么中国不搞多党轮流执政，而实行共产党领导下的多党合作与政治协商制度？

第一，独特的国家安全形势与民生所需呼唤集中管理。毛泽东说："中国统一，为河与外族进攻二事。分裂则二事皆不能办。"黄河流域广，各地无法分治，唯有统一行动，协同治理才可能取得胜利。大禹治水之后，天下一统的意识已经形成，因而熔铸九鼎，代表天下九州，直至涂山之会时"执玉帛者万国"，中央政府雏形由此形成。由于中国独特的地理，400毫米等降水量南北形成了不同的经济生产方式，面对北方游牧民族机动、强大的骑兵部队，农耕民族唯有团结一致，协同作战，以人民战争的形式才能赢得胜利，由此形成了中国人的核心意识，有强大治理能力的政府由此形成。"我们现在理解的现代国家元素，在公元前3世纪的中国业已到位。其在欧洲的浮现，则晚了整整1800年。"此后数千年，无论分合，大一统的中国始终是全体中国人民共同的心愿。这一点，在民国时期政府治理乱象后，更加深入人心。

第二，集中领导与民主协商并行不悖，中国施行的是全过程民主。如前所述，"民本"思想是政府合法性的根源。"民"是最广大的人民群众，而不是因为局部利益而形成的利益集团，因而政府必须是平衡保障各方利益的"中性政府"。共产党没有自己特殊的利益。为了维护最广大人民的利益，就必须开明，协商共治。而协商共治是中国历史的传统。从"周召共和"，到皇权与士大夫集团共治天下，到科举制度给予了社会民众参与国家治理的可能，平等、共和、协商、共治自古以来就是中国政制的开明常态。至今，每年的"两会"成为全体中国人民参政议政的最好平台。

（四）为什么中国一定会走和平发展的道路？

第一，中国有能力和平发展。广阔统一的国内市场、辽阔多样的自然地理、丰阜充足的物产资源、勤劳勇敢的中国人民，使得中国可以自给自足。面对困难，中国人从不怨天尤人，求诸外部世界，而是自强不息，反求诸己。困扰亿万人民的温饱问题，中国靠杂交稻的广泛种植完美解决。

第二，中国历史上一直和平发展。即使是在国力强盛的时候，也没有对周边国家进行掠夺。古丝绸之路上，中国数千年没有派出去一个儒生出国宣扬四书五经，反而是各国派人来华交流，留下学习，成为留学生。

第三，中国智慧相信道德的力量胜过刀枪。中国人民经历过人类历史上少有的长时间、高强度的战争，也在鲜血的教训中懂得"霸道"只能赢得一时，"王道"才能长治久安，懂得和谐共赢将会使得人人受益，掠夺侵占种下的怨恨终将反噬，结果零和，所以武力征服是一件不划算的事情。

第四，中华文化崇尚和平，"天下"观与和平精神让中国不愿意走武力扩张道路。

三、海外华文教育中如何讲清楚中国道路

前文从历史、文化、地理、社会的角度回答了有关中国道路的疑惑，是一种基础性研究，在海外华文教育中如何讲清楚，需要从"四个共识"着手。

（一）喻之以利，讲清楚利害得失

争取利益共识。不同文化对于彼此价值观的理解或许不同，但是对于利益的认识却基本一致。从利害得失角度阐述中国道路最容易达成共识。例如，从中国的资源之利出发讲中国经济天然具有内敛性，从零和博弈出发讲共赢发展更划算等。

（二）晓之以理，讲清楚地理历史

争取逻辑共识。基于中国独特的地理历史，将中国道路的成因落在客观原因上，消解意识形态之争。例如，从自然环境与经济互补讲中华民族共同体的必然性，从黄河河患讲中央集权的必要，从农业文明的聚居方式与集体主义的诞生，从古代商品经济发展以及政

府调控史实讲社会主义市场经济的历史根据等。

（三）明之以义，讲清楚文化精神

争取文化共识。在明白利害得失与地理历史的基础之上，表明与中国道路有关的中华文化根基。例如理性精神，不同于西方神学教导下的"绝对真理"观，中国人更倾向于"理性实践"观。中国人不相信历史终结论，不照搬外国提供的国家发展方案，相信实践是检验真理的唯一标准，不偏不倚，在发展过程中多采取渐进式的方法。又如平等精神，是中国社会强大的历史基因。为了维护平等，中国人需要有大一统的国家来照顾全社会的公众利益；因为平等精神，中国人顾全大局、善于在统一指挥下进行协作，政府因此更有高效，更具长远的眼光。再如民本思想，使得中国人始终关注"人"的利益。"当官不为民做主，不如回家卖红薯。"政府只有照顾了绝大多数人的福祉，才能得"民心"，得"天命"，才具有合法性。政府是平衡保障各方利益的"中性政府"，共产党没有自己特殊的利益。虽有集中，但治理开明。政府对人民负有无限责任，人民也对美好生活有着极高的期许和要求。在此过程中形成了以民生福祉为主要内容的实质民主。

（四）动之以情，讲清楚人类悲欢

争取情感共识。人类生活在同一个世界，拥有一些比较共通的情感，例如对生的欢欣，对死的悲戚，对和平的渴望，对美好生活的向往，对贫穷的憎恶，对妇女儿童鳏寡孤独的关爱……"琼华吾爱，弹尽，援绝，人亡，城已破"是夫妻生离；"我这次牺牲并不出乎意外，父亲不必过于悲伤……你就当作没有生我这样一个孩子……我自问没有什么对不起家庭的地方……若干年后，你一定会理解的"是父子死别；"我此番赴死，是为给天下人造一个风雨不侵的家，给孩子一个温和宁静的世界"是女性捐躯赴国难，视死忽如归。有了前三层共识作为基础，第四层共识既容易达成，也容易升华。

四个层面的共识是层层递进的，在面对具体问题时应该根据实际需要选择切入口，将分别运用与综合运用结合起来。

结　语

中国道路的起点是近代救亡图存的国难时刻，途经消除内战、民族解放和国家独立的奋斗，在社会主义建设和改革开放的历程中逐渐成形，通往中华民族伟大复兴与实现共产主义的远方……中国道路的路基是中华文明的"王道"而非"霸道"。有些人自己欲行霸道，就以为天下人都与他们争霸。他们应该好好读一读中国古代的一则故事——惠子到梁国任宰相，庄子前往拜访。惠子以为庄子要来与他争夺相位，就很紧张。庄子说："南方有一种神鸟，不是梧桐树它不停，不是竹子所结的果实它不吃，不是甘泉它不喝。又有一只猫头鹰，得到了一只死老鼠，当成宝贝，对路过的神鸟说：'快走，别抢我的美味。'"

参 考 文 献

［1］习近平. 论中国共产党历史 ［M］. 北京：中央文献出版社，2021.

［2］A.J.汤因比，池田大作. 展望21世纪——汤因比与池田大作对话录 ［M］. 成都：四川国际文化出版公司，1985.

［3］王绍光. 中国崛起的世界意义 ［M］. 北京：中信出版社，2020.

［4］邓小平. 邓小平文选（第3卷）［M］. 北京：人民出版社，1993.

［5］潘岳. 战国与希腊 ［J］. 中央社会主义学院学报，2020（4）：5-22.

［6］辜鸿铭. 中国人的精神 ［M］. 海口：海南出版社，1996.

［7］张维为. 文明型国家 ［M］. 上海：上海人民出版社，2017.

［8］寒竹. 中国道路的历史基因 ［M］. 上海：上海人民出版社，2018.

［9］弗朗西斯·福山. 政治秩序的起源——从前人类时代到法国大革命 ［M］. 南宁：广西师范大学出版社，2012.

［10］姚洋. 中国道路的世界意义 ［M］. 北京：北京大学出版社，2011.

《中文听说读写 Level 2》的中级汉语综合课程思政分析

邱经纬　张俊萍

（北京语言大学汉语学院）

摘　要　开展国际中文教育课程思政有助于培养知华、友华、爱华的国际人才。本文将美国本土中文教材《中文听说读写 Level 2》中的话题与《国际中文教育用中国文化和国情教学参考框架》中的文化项目对应，挖掘中级汉语综合课程思政素材；进而探讨了如何抓住课前、课中、课后三个关键节点，将课程思政连贯完整、潜移默化、循序渐进地融入学生汉语学习的全流程，以期为未来中级汉语综合课程思政的具体实施提供参考。

关键词　国际中文教育；中文听说读写；中级汉语综合课；课程思政。

引　言

教育的根本目的是培养人。教师不仅需要传授知识和技能，还需要关注学生的身心健康，引领学生提升思想道德素质。国内外的高校学生，均处于从学校走向社会的过渡期，更需要正确理解世情国情，拥有积极的世界观、人生观、价值观，因此高校教师更应负起立德树人的责任，根据学科专业特色和优势，运用"课程思政"的教学理念，帮助学生明辨是非、丰富学识、增长见识、塑造品格。

一、国际中文教育中的课程思政

（一）国际中文教育课程思政的意义

截至 2022 年 7 月，已有 76 个国家将中文纳入国民教育体系，我们应该把握好国际中文教育对外展示、交流、传播的机遇，抓住国内外高校青年成长的关键期，在国内外各高校的汉语课中融入课程思政的理念，将语言教学和文化教学相结合，让学生在掌握汉语的同时认识中国、了解中国，努力达成培养知华、友华、爱华国际人才的育人目标。既往的多数研究也支持并论证了国际中文教育开展课程思政的必要性和可行性，如杨昱华认为汉语课程大多与中国文化紧密相关，是课程思政的优秀素材，课程思政的教学也能为"友华"的培养目标提供重要的导向保障。李京京总结出对外汉语教学课程思政的三点意义：一能促进中外文化交流，二能促进学生的语言学习，三能帮助来华留学人员形成良好的法治观念和道德意识。

（二）国际中文教育课程思政的实施路径分析

在国际中文教育课程思政的实践方面，孙凡提出了坚守中国立场，具备人类命运共同体意识的总体原则。根据有无目的语环境，国际中文教育课程思政的对象可分为海外高校学生和来华留学生两类，现有研究集中于对来华留学生的讨论。对于国际中文教育课程思政的具体实施路径，目前学者们的观点可归结为三大类：一是提升汉语教师的个人思政修养和课程思政水平，可以对教师进行课程思政教学培训；二是挖掘教材中的思政要素，可以从各语言要素入手，深入挖掘背后的文化内涵；三是改进教学方法和考核模式，如增加社会文化实践活动，构建新型课程思政评分体系。此外，张珍妮还提出可以发挥亲华友华学生的榜样作用，带动其他学生。

教材是课程思政的重要依托和载体，"挖掘教材中的思政要素"也得到了广大学者的一致认同，但目前的讨论不够深入，多数研究都是列举某些汉语教材中包含了哪些值得挖掘的思政要素，或者举例说明某一节课的思政要素有哪些，该采取怎样的教学步骤。对于我们该如何处理手中的教材内容进行课程思政，尚没有较为通行和普遍的答案。邢瑞雪从两本《中国文化英语教程》中挑选出8个专题，对面向来华留学本科生和研究生的"中国文化"课程进行了思政内容的梳理，这种以教材为蓝本，凝练专题进行课程思政的思路值得借鉴。

具体来说，我们可以从当前国内外高等院校正在使用的汉语教材入手，借助《国际中文教育用中国文化和国情教学参考框架》（以下简称《参考框架》），找到教材中贴近学生生活、关乎学生未来发展、学生感兴趣且有讨论价值的话题，结合当今的世情热点、中国传统文化和当代中国国情，采用小组讨论、辩论、知识问答等课堂组织形式，配以听力、描述、阅读、练笔等语言技能训练，引起学生的思考，通过文化对比拓宽学生的国际视野，提升学生的理解和思辨能力，让学生在反思中完成自我认知和社会认知，学会用理性的思维看待国际社会，用全面、辩证、长远的眼光看待中国发展。

二、《中文听说读写 Level 2》的主题与思政要素分析

（一）《中文听说读写 Level 2》概况

《中文听说读写》（刘月华，姚道中主编）是美国最具代表性的综合型本土中文教材，目前正被广泛运用于美国各高等院校的汉语教学之中。该教材分为 Level 1 和 Level 2 两个等级，分别适用于初级和中级汉语水平的学习者，每个等级的教材又分为上、下两册，全系列共四册。

《中文听说读写 Level 2》共 20 课，每课都有一个话题，以话题为纲安排教学内容。先通过叙述体课文介绍话题背景，再通过对话体课文展示交际情境，同时带出本课的生词、语法、汉字等语言要素。教材还为每个话题制定了"学习目标"，补充了"文化亮点"。与当前汉语教学常用的知识、技能、情感、策略目标不同，《中文听说读写 Level 2》设置的"学习目标"是围绕本课话题，完成一系列口语交际任务，以培养学生的成段表达和言语交际能力。"文化亮点"则以文图并用的形式补充了话题有关的文化知识，内容既涉及传统文化，又能反映当代中国，便于学生直观、全面地理解本课主题，进行文化对比。可以说，《中文听说读写 Level 2》的整体编排贯彻了任务教学法的原则，尤其体现了中级汉语综合课以话题和语言功能为中心、语言教学与文化教学相结合的教学原则，能够为中级汉语综合课程思政提供优秀的教学素材。

（二）《中文听说读写 Level 2》中的思政要素

《参考框架》是对中国文化国情教学的内容和目标的描述，依据学习者的认知水平和教学方式分为初（小学）、中（中学）、高（大学及成人）三个层级。针对国内外高等学校的学生，我们可以使用其中高级的分类标准，将《中文听说读写 Level 2》中的 20 个话题分别归类到《参考框架》中 3 个一级文化项目"社会生活""传统文化""当代中国"及其下面的 32 个二级文化项目中。但需要注意的是，教材中的"话题""学习目标""文化亮点"和《参考框架》中的"二级文化项目""教学目标""文化点举例"不能完全等同，有一个"话题"能够对应几个"二级文化项目"的现象，而我们需要的是了解教材中的话题涉及了哪些《参考框架》中的二级文化项目，以便综合两部分内容，提炼出《中文听说读写 Level 2》中有哪些可以利用的思政要素，各个话题可以如何串联，进一步找到合适的教学方法和课堂组织形式。

《参考框架》中的二级项目与《中文听说读写 Level 2》中的话题名称对应见表 1。

表1 《参考框架》中二级项目与《中文听说读写 Level 2》中话题名称对应表

一级项目名称	二级项目名称	话题名称	一级项目名称	二级项目名称	话题名称	一级项目名称	二级项目名称	话题名称
社会生活	居住	开学、宿舍、生活与健康	当代中国	语言文字	开学	传统文化	历史	中国历史
	饮食	在饭馆儿		教育	选课、打工、教育			
	消费	买东西、打工、理财与投资		传媒	电脑和网络、教育			
	就业	选课、打工、男女平等		地理	中国地理、环境保护与节约能源			
	家庭	男朋友女朋友、男女平等、教育		经济	男女平等、理财与投资、面试			
	节庆	中国的节日					文化遗产	中国的变化、旅游
	出行	中国的变化、旅游、环境保护与节约能源		对外交流	外国人在中国			
	休闲	旅游、生活与健康						

由表1我们能够看出，《中文听说读写 Level 2》的20个主题涵盖了《参考框架》"社会生活"下的"居住、饮食、消费、就业、家庭、节庆、出行、休闲"8个二级项目，"当代中国"下的"语言文字、教育、传媒、地理、经济、对外交流"6个二级项目，以及"传统文化"下的2个"历史、文化遗产"二级项目。这些二级项目都可以直接作为思政要素，在中级汉语综合课中得到运用。

三、《中文听说读写 Level 2》中级汉语综合课程思政实施要点分析

《中文听说读写 Level 2》每一课都围绕本课话题，为学生设计了"学习前""学习中""学习后"三个供学生自主预习、学习、检测的模块。"学习前"让学生判断自己是否属于某种与课文内容有关的情况，启发学生进入情境；"学习时"提出一系列关键问题，用问题一步步引导学生完成课堂学习任务；"学习后"以布置口语成段表达或者交际任务的形式，帮助学生回顾本课重点，提升表达能力。我们也应该利用好这种以学生为中心的任务式教学思路，抓住课前、课中、课后三个教学节点，将本课思政要素融入学生的学习材料，融入中级汉语综合课的语言学习任务，将课程思政连贯、完整、潜移默化、循序渐进

地融入学生学习的全流程。

（一）课前：发放具有课程思政要素的预习任务清单

备课时，教师需要梳理好本课的有关课程思政的教学内容，由易到难，由感性认识到理性思考，布置预习任务。首先，同上文的分析思路，从本课主题和"学习目标"出发，结合《参考框架》，挖掘思政要素。比如《中文听说读写 Level 2》（Part2）第十二课的主题是"中国的变化"，教材"学习目标"中与课程思政有关的目标包括：学会描述一个大城市的风土人情、描述一个历史文化遗产的特征、简单介绍一个城市从过去到现在的发展历程。"文化亮点"中的补充材料包括：中国的高铁、南京的今昔、南京夫子庙。这些信息提示我们可以利用《参考框架》中"社会生活"下的"出行"和"传统文化"下的"文化遗产"二级文化项目作为思政要素。

其次，注重直观展示，激发学生对思政内容的好奇心。预习时，教师最好能用图片、音视频等多媒体形式让学生直观感知本课内容，以引起学生对思政要素的注意。比如用真实的照片向学生展示中国人出行方式的变化和时代的关系，用音视频介绍中国的历史文化遗产等，让学生对中国的传统文化、社会变迁有感性认识。

最后，抓住课文中的关键词句，用启发式的预习任务将学生带入思政情境。课程思政不能脱离语言教学，所以要找到课文中与思政要素有关的词句，让学生在语言要素的操练中完成对思政要素的初步认识。第十二课课文中关于"出行"的句子是"……先到上海，然后坐高速火车去南京。火车很快，两个小时就到了"。预习时，可以让学生去查现在在中国的大城市之间，乘高铁出行花费的最短时间，比如从上海到南京最快一小时就到了，体会中国高铁的速度，然后完成简单的句子内容替换练习。如果学生不方便查找，教师也可以先举例回答，还能借此机会展示当前的中国概况、真实的中国国情，改进教材没有与时俱进的内容，提升学习材料的质量。

需要注意的是，一方面，思政预习任务必须与语言要素的练习相结合，保证对学生的语言学习也有促进作用；另一方面不可过难，重点是激发学生对课程思政要素的兴趣，将学生带入思政情境，为课中进一步思政补充文化背景知识、扫清语言障碍。

（二）课中：以"对比"的思路开展课堂活动

课堂上，教师可以组织一系列"对比"活动，突出思政要点。"对比"可以是纵向的。比如在讲解"中国的变化"时，教师可以抓住 1978 年改革开放、2001 年加入世贸等时间节点，通过某一地区不同时间的照片对比，告诉学生课文中"中国的大门打开了""中国融入世界了"前后情况如何，让学生感受到对外开放政策给中国带来的变化，认识到中国正在一步步发展；还可以请学生从课文中找到描述这些变化的句子，加深对课文的理解。

"对比"也可以是横向的。文化对比类问题能够启发学生关注中西方文化的异同。例如在讲解第十四课"生活与健康"时，教师在讲解完课文中的"早餐要吃好，午餐要吃饱，晚餐要吃少"后，可以问学生在他的国家是否有类似的关心饮食健康的俗语，以此突出中国人对于饮食健康的重视。又如在讲解第十一课"中国的节日"时，教师可以参考教材"关联与准备"版块中的问题："在你的国家，哪些节日是和团圆有关的？"启发学生思考自己国家的节日内涵，找到中西方文化的共通之处，感受"团圆"这个世界人民心心相通的美好情感。

（三）课后：开展以思政要素为中心的口语成段表达训练

中级汉语教学承担着帮助学生由句到篇的过渡任务，成段表达训练至关重要。教师可以借助这一点，开展以思政要素为中心的口语成段表达训练。例如，《中文听说读写 Level 2》（Part1）第九课，就可以"教育"为中心，将学生受过的教育分为高等教育和基础教育两个阶段，分别讨论各个阶段中西方学校教育和家庭教育的情况。先让学生回顾个人情况，教师给出必要的词语和结构提示，帮助学生表达，再适时告诉学生中国的教育情况，并在差异之处做出解释，比如中国的父母可能会在选专业时为孩子提供更多建议，这是因为中国学生必须在上大学之前定好专业，而且该专业会对就业产生较大影响。同时，更应该将课文中没有反映的，中国正在开展的教育改革情况，如大学增加通识课、给学生转专业的机会，中小学越来越重视素质教育，体育、劳技等科目也正被纳入考核体系等内容，用学生能够理解的方式作简明扼要的介绍，让学生了解当前中国教育正进行着一系列改变，看到动态发展、不断进步的中国。另外，课文中提到了华裔家长"望女成凤、望子成龙"的思想，可能会让某些学生认为这是中国家长的普遍想法，教师更应该告诉学生教育观念跟国别没有必然联系，进一步来说，不是同一种文化的人思想都一样，让学生看到思想观念的多元性。还可以展开讨论——如果自己做了父母，会有怎样的教育观念，让学生学会推己及人，设身处地。更要看到每种观念都有利弊，长期坚持利弊分析，还能让学生学会辩证看待事物，提升个人的思辨能力，从而达到育人目的。

在对高校学生实施以思政要素为中心的口语成段表达训练时，可能某些学生会因为语言能力有表达障碍；但教师应清楚，学生的认知已经达到了能够讨论这种问题的水平，不要因为语言水平就降低对学生思维训练的要求，更不能轻易回避某些问题，导致学生对中国国情产生误解。

以思政要素为中心的口语成段表达训练重在问题设置、语言结构的提示和个性化的引导，如果教师分身乏术，除了教师一对多，还可以请与高校学生同龄的中国语伴代为执行，讨论者之间的距离将会更近，学生跨文化交际的情景也会更加真实，能够促进学生语言交际能力和思维能力的双重提升。

总之，无论是课前、课中、课后的课程思政，都要注意不能和语言教学割裂，要让学生发现能在完成任务的同时提升自己的语言表达能力，感受到这些具有课程思政要素的活动是有趣的、有意义的，这样才能让学生由被动接受到主动探索，在无形之中领悟思政要素，形成高阶思维。

四、结语

将课程思政融入海内外高校的汉语课堂是培养知华、友华、爱华的国际人才的有效途径之一。《中文听说读写 Level 2》以话题为纲的编写思路、任务式的学习目标、利于语言理解的文化知识，为中级汉语综合课程思政提供了良好的思政素材。对应《参考框架》，能帮助教师更深入地挖掘思政要素。在课前制作具有思政要素的学习材料和预习任务清单，课中组织文化内部历时的、文化之间共时的对比活动，课后开展以思政要素为中心的口语成段表达训练，使学生语言能力提升的同时对中国文化有更深入的了解，对中国国情有更理性的认识，以全面、辩证、长远的眼光看待中国发展。

参 考 文 献

[1] 杨昱华. "课程思政"在对外汉语教学中的探索与实践 [J]. 教育观察，2019，8（13）：98-100.

[2] 李京京. 对外汉语教学中的课程思政研究 [J]. 汉字文化，2022（7）：87-89.

[3] 孙凡. 汉语国际教育课程思政的实践原则——基于人类命运共同体的视角 [J]. 教育理论与实践，2020，40（18）：41-43.

[4] 罗艺. 课程思政背景下来华留学生汉语类课程课堂教学改革 [J]. 云南农业大学学报（社会科学），2021，15（6）：158-164.

[5] 毛雪. "一带一路"视域下国际学生汉语课堂"课程思政"的探索与实践——以汉语国际教育为例 [J]. 河南教育（高教），2020（9）：34-37.

[6] 王东营. 国际学生"中级汉语综合"课程思政的研究与实践 [J]. 黑龙江教育（高教研究与评估），2022（6）：90-92.

[7] 张珍妮. 来华国际生汉语课课程思政建设路径探究 [J]. 湖北开放职业学院学报，2021，34（21）：88-89+97.

[8] 邢瑞雪. 来华留学生"中国文化"课程思政教学设计与研究——以挖掘课程思政元素为例 [J]. 北京印刷学院学报，2021，29（8）：97-100.

[9] 刘月华，姚道中. 中文听说读写 [M]. 3版. 波士顿：Cheng & Tsui Company，2010.

[10] 祖晓梅. 国际中文教育用中国文化和国情教学参考框架：汉英对照 [M]. 北京：华语教学出版社，2021.

课程思政设计研究

理解促进沟通，视听融合表达
——国际中文国情课的选材设想和教学建议

胡孝斌

（北京语言大学汉语学院）

摘　要　讲好中国故事、传播好中国声音、塑造好中国形象一直是国际中文教育的初衷和重要任务。央视网短视频题材丰富、话题多样，又有各种语体形式，非常适合作为国情课教学的材料。本文认为，国情课可以适当选用央视网的短视频作为基础材料，教学中以理解促交流，通过语言教学活动引导学生理解并思考新时代中国特色社会主义的理论思想和当代中国的现实发展成就，师生在资源共享中谋求共识、实现共情，激发学生作为国际文化交流传播使者的主体责任意识，尝试构建以语言教学活动融合思想内容学习的国际中文国情课学习新模式。

关键词　国际中文；国情课；选材；教学。

一、教学背景

国际中文的课堂一直是面向世界的舞台，国际中文教育的目的不只是要教会外国学生汉语，"注重塑造我国的国家形象""讲好中国故事、传播好中国声音，阐释好中国特色"一直是国际中文教育的初衷和重要任务。"向世界展现真实、立体、全面的中国"，是加强我国国际传播能力建设的重要任务，也是国际中文国情课的教学目标。当代中国在经济、科技、文化、生态等各方面高质量发展的伟大成就获得了举世的关注，国际社会各种不同的声音也同时响起。面临新时代、新变局，在当前推进我国新时代文化建设、促进中外文明交流互鉴、构建人类命运共同体的时代背景下，思考和研究如何在国情课教学中准确、恰当地介绍和展示当代中国的伟大成就，塑造良好的中国形象，丰富中国形象的国际表达，帮助学生深刻思考和理解新时代中国发展取得的重大成就背后的中国智慧、中国方案、中国特色社会主义理论思想，已经成为新时代中国国际教育工作者的共同使命。"讲好中国故事"不只是教师的工作和责任，应该而且也可以成为国际学生的自觉意识。国际中文教学工作的目标之一就是要帮助国际学生在更好地理解当代中国的基础上，启发和唤醒他们作为国际文化传播使者的意识，主动地承担起讲述中国故事、介绍当代中国国情和建设成就、破除国际交流障碍的使命和责任。

国际中文教育的教学对象是国际学生，教学应当也必须从他们的角度出发，考虑文化的差异，采取他者视角、柔性方式。只有选取国际学生便于理解的内容，采取他们能够接受的方式，才能实现让他们理解当代中国，并用自己的话语从他们的视角讲述中国故事、传播中国声音的目的。我们认为，国情课教学应该以润物无声的方式展示中国当代国情，介绍中华优秀文化，潜移默化地影响国际学生，在增加国际社会对中国和中华文化认知的基础上，消除之前由刻板印象带来的误解和误读，促进国际社会对中国形象的理解与认同。国情课也应该兼顾知识主题内容的介绍和语言技能的培养和提高，以期实现语言融合内容，理解促进沟通的目的。

二、单元主题和材料选择举例

（一）确定单元主题

为了向世界介绍中国的发展理念、发展道路、发展成就，帮助国际学生正确、准确地认识中国，全面、立体地了解中国，国情课应该首先明确教学的主题内容。比如将某个单元的主题确定为介绍当代中国政治、经济、文化、生态发展的某一个方面，并据此选择合适的语篇材料阐释主题，通过适当的语言训练提升理解，加强认识。下面我们以单元主题"高质量发展"为例，简单阐述我们对国情课教学材料的选择建议。

现阶段中国经济"已经由高速增长阶段转向高质量发展阶段""高质量发展，就是能够很好满足人民日益增长的美好生活需要的发展，是体现新发展理念的发展，是创新成为第一动力、协调成为内生特点、绿色成为普遍形态、开放成为必由之路、共享成为根本目的的发展。"中国把推动高质量发展看作是做好经济工作的根本要求。高质量发展体现了新发展理念，是经济发展"从'有没有'转向'好不好'"。单元主题为"高质量发展"的教学旨在引导学生准确了解并理解新时代中国经济转向高质量发展的现实要求，让学生从不同侧面全面理解中国经济高质量发展的具体内涵，了解新时代中国经济的发展成就和发展目标，经济高质量发展给普通百姓生活带来的巨大变化和福利，同时深入理解中国经济由高速增长转向高质量发展对中国经济乃至世界经济健康发展的重要意义，并可以联系实际讨论交流经济高质量发展所面临的问题和挑战，进而实现高质量的口语交流和表达。

（二）教学材料选择

我们的教学目的不是说教，而是希望让更多的国际学生了解并理解真实的当代中国。在信息爆炸的时代，网络谣言层出不穷，总有一些不友好的势力企图混淆视听、抹黑中国，很多接触不到中国实情的外国人难免因此对中国产生误解。作为展示中国的窗口和舞台，国际中文教育的课堂上如何正面、正确、恰当地展示和介绍真实的中国，如何引导学生用辩证的思维看待网络舆情、社会热点，帮助他们"以正视听"和"准确辨别"是我们的责任，这也要求我们在教学内容的选择上慎之又慎。

只有了解才有可能实现理解，理解的前提是接触事实。央视网（CCTV.COM）作为中央广播电视总台主办的中国重点新闻网站，是中国最权威的新闻单位和重点对外传播媒体，具有广泛的受众群体和世界影响。央视网上的短视频题材丰富、话题多样，又有各种语体形式，非常适合国情课的教学或作为教学补充材料。我们认为，国际中文国情课可以多从中央电视台或央视网等中国主流新闻媒体发布的综合报道、专题访谈、人物故事等进行选材，力争给教学提供有理论深度、有新闻热度、有人情温度又有事实信度的视听材料。下面举几个例子：

CCTV-2 财经频道《第一时间》2018 年 12 月 19 日的综合报道《致敬改革开放 40 周年——40 年 GDP 翻五番，综合国力快速提升》，短短的几分钟，通过一组组真实的数据展现了中国改革开放 40 年的伟大成就，并指出中国经济正在从"增长更快"到"质量更高"转变。改革开放 40 年来，中国不但从总量上成为世界第二大经济体，而且作为世界第一制造大国，中国制造也在大步向中高端迈进。视频中的数据也让学生看到改革开放给中国人民带来的巨大福利，中国居民人均可支配收入实际增长 22.8 倍，已成功从低收入国家迈入中等偏上收入国家的行列。另外，改革开放的成果还惠及全球，中国对世界经济增长的贡献率已经连续五年保持在 30%，成为全球经济的重要引擎。

央视网 2021 年 12 月 9 日《新闻直播间》栏目播放了《新发展、新格局、高水平开放推动高质量发展》，讲述了面对世界百年变局和世纪疫情交织叠加的时代背景下，中国坚持扩大高水平开放，同世界共享发展机遇，推动经济全球化朝着更加开放、包容、普惠、平衡、共赢方向发展。向世界证明，开放合作，是中国的承诺，更是中国的行动。

央视网 2021 年 3 月 6 日《新闻直播间》栏目播放了《雄安：我们的"十四五"——高标准、高质量建设未来之城》，介绍了白洋淀生态修复的故事。通过介绍白洋淀水域超级净化系统，用碧水蓝天的画面向学生展示生态优先、绿色发展、先植绿后建城等高质量发展的理念，贯穿到了雄安新区建设的方方面面。

这样的短视频在央视网等主流新闻媒体上比比皆是，主题便于理解，话题适合交流，经过简单的剪辑处理就可用于课堂教学。

（三）关注选篇之间的逻辑关联

我们建议在选材时应该特别注意突出主题，关注单元内容选篇之间的内在逻辑关联；注意点面结合，从不同侧面介绍和阐释单元主题内容；同时也要注意视频的时间长短、语言难易，还要尽可能选择不同题材、不同形式的视频节目，比如综合报道、专题访谈、人物故事、专家点评等；要注意既有真实的展示，也有生动的讲述，既有理念的介绍，也有真实的数据，用事实说话，以真情动人，以结果服人。

三、选篇原则

（一）客观呈现

了解是基础，理解是目标，而促使学生的认同才是国际中文教学的最高境界。我们选择的视听材料里不应该有道德宣讲，也不能以理压人。比如上述视频里只有历史的回顾、普通的故事、理性的解说、真实的数据。通过客观的讲述让学生了解中国经济发展阶段的转变，理解中国经济"高质量发展"理念的真正内涵；通过数据让学生了解中国取得的成就以及经济发展目标，感受中国人民在"高质量发展"中的收获。国际中文教学的课堂应该是平等的和开放的，我们敞开心扉，跟学生一起回顾历史，走进中国，共同探讨，才能够赢得学生的理解，才能得到学生的认同，才能使他们主动"开口"讲述中国故事，告诉世界他们所看到的中国。

（二）易引发共鸣

如何保证经济"高质量发展"，如何实现"创新、和谐、绿色、开放、共享"的发展理念，这些都是全世界共同面临的问题，需要全人类的智慧和行动来解决。这些在内容上具有普适性和世界性的问题，容易引发共情和共鸣，能够激发学生进行深度的思考和广泛的联想，以培养学生的思辨能力。在学习中学生会联系自己国家的实际情况，在对照和对比中了解中国深化改革取得的巨大成就，进一步理解中国"高质量发展"理念的先进性和优越性。

由于教学对象的特殊性，国情课也应进行适度的语言教学。从语言训练的角度来看，贴近学生自身生活的话题更易于理解和讨论。围绕"高质量发展"理念的内容非常丰富，话题具有拓展性。比如经济高速增长和高质量发展的关系、新时代决定经济增长的关键因素、绿色发展、高铁建设、区域经济和谐发展等话题没有国界，每一个学生都可以对其中的话题发表看法，展开讨论。这些问题的教学既可以由每个学生个人发表观点和看法，以报告的形式进行，也可以根据不同国家的情况进行更深入的对比和交流，通过讨论、辩论的形式进行教学，还可以进一步拓展，启发学生查找相关主题的更多故事和报道，展开更广泛深入的讨论、交流和研究。

选择具有拓展性的视频题材目的在于在教学中培养学生自主学习的能动性，不仅能增加课堂上的师生互动、生生互动，还通过问题启发思考，促使学生自发进行相关事件的资料收集和理论知识的逻辑梳理，使其不仅能对相关主题进行深度思考，还能作为实践活动的讲述者发现更多故事，拓展到更广的领域。帮助学生从故事的聆听者变为事实的发现者和讲述者，不断提升其认知水平和国际视野，触动和激发其内心的情感和行为实践。

四、教学建议

（一）重在引领

国际中文教育，教师是引路人，学生才是跨文化传播的主体。教育不是说教，所谓"因材施教"，对国际中文教育来说，教师更应该注重影响和引导，绝不能生硬灌输理论，更不能强迫学生接受。国际中文的国情课教学不是思政课教学，教学对象决定了我们应提倡"融合"的教学理念，适当融入语言教学，在提高学生语言技能水平的同时实现"价值引领"，让学生感知中国、认识中国，进而帮助学生理解认同新时代中国发展的理论和价值观。我们认为通过借助视频这种生动形象的话语语境和喜闻乐见的话语符号，不仅可以提升意识形态理论的话语魅力，提高学生的学习兴趣，还能使学生通过真实具体感人的故事全面了解中国，通过比较分析促进独立思考，形成正确的中国观，正确理解当代中国治国理政的方略和相关成就，以视听融合表达，以理解促进沟通。

国际中文教育的课堂不单是要教师讲好中国故事，更重要的是创新叙事方式，提升学生在国际交流中的自主传播意识，引导学生讲好中国故事，讲好的中国故事，成为具有影响力的文化传播使者。提供真实客观的新闻报道和专题节目，目的就是让学生看到真实的中国社会，了解新时代中国发展的理念、举措和成果。我们希望可以构建"了解—理解—认同—践行"的教育模式。"了解"是让学生从国际视角、多元文化共享的维度加深对新时代中国政治、经济、文化、社会的认识；"理解"是用多种途径、手段和方法深化学生对新时代中国治国理政的理论和方略以及中国社会主义核心价值观的认知和理解；"认同"是在理解的基础上认可新时代中国发展的成就以及中国特色社会主义制度的优越性；最终的目的是"践行"，即希望能启发和引导学生主动参与传播中华优秀的文化和价值观，自觉成为中外交流的主体，自愿讲述外国人眼中的中国和中国故事，自发参与塑造正面的中国形象。

（二）灵活处理

为了实现"主题内容理解"和"语言能力提升"的有机融合，教学中要通过各种形式的主题理解和交流讨论等练习活动逐层提升对单元主题的理解和认识，并启发和引导学生联系实际表达自己的观点看法，同时拓展国际视野，提高语言表达能力。理解是为了交流表达，在交流和表达中又能促进学生对单元主题内容的进一步思考和理解。教学目标的实现需要使用教学材料的授课教师充分发挥自己的智慧和能力，并根据自己学生的水平和实际教学环境等情况灵活把控，适当增删。注意主题内容学习和语言技能训练相结合，"教"与"学"结合，教师为主体、掌控课堂、启发和鼓励学生积极参与教学，以取得最佳教学效果，力争践行"把握好基调，既开放自信也谦逊谦和，努力塑造可信、可爱、可敬的中国形象"。

结　语

　　作为中国面向世界的窗口，国际中文的课堂应该客观、恰当地向国际社会展现真实、立体、全面的当代中国。留学生来到中国，可以亲眼看见华屋美厦，可以亲自品尝美酒美食，但是中国改革开放的更多成果以及新时代中国治国理政的思想和方略则需要我们去展示和介绍。本文尝试给国际中文的国情课提供另一种教学思路，希望能以更开放的姿态面对世界，用更加具有亲和力的方式让来自世界各国的学生更多地接触事实，认识当代中国，理解当代中国，接受和认同当代中国，主动讲述和介绍当代中国。我们的目的是用事实感动世界，用真心谋求共情，以开放实现共享。

参 考 文 献

［1］陈旦. 讲好中国故事：留学生中国国情课的教学重构 ［J］. 文教资料，2021（19）：191-192+229.

［2］陈荣岚. 汉语国际推广与文化传承传播的协同创新 ［J］. 国际汉语学报，2013，4（2）：1-16.

［3］范红. 国家形象的多维塑造与传播策略 ［J］. 清华大学学报（哲学社会科学版），2013（2）：141-152.

［4］蒋雨娟. "概论"课教学中讲好中国故事的策略探究 ［J］. 大学，2022（18）：193-196.

［5］马晓文. 国际汉语教师培养视角下的专业课程思政建设研究——以"跨文化交际"为例 ［J］. 佳木斯职业学院学报，2022（4）：110-112.

［6］吴应辉，梁宇，郭晶，等. 全球中文教学资源现状与展望 ［J］. 云南师范大学学报（对外汉语教学与研究版），2021（5）：1-6.

［7］习近平谈治国理政（第二卷）［M］. 北京：外文出版社，2017.

［8］习近平谈治国理政（第一卷）［M］. 北京：外文出版社，2018.

［9］习近平谈治国理政（第三卷）［M］. 北京：外文出版社，2020.

［10］在中共中央政治局第三十次集体学习时的讲话 ［N］. 人民日报，2021-06-02（1）.

［11］赵杨. "自我"与"他者"视角下的国际中文教育主体间性研究 ［J］，民族教育研究，2021（5）：170-176.

"当代中国经济" 课程思政教学设计分析

王 琳

（北京语言大学汉语学院）

摘 要 为推动留学生专业课思政建设，培养"知华、友华"的国际人才，需要结合当前国际国内新形势，重新调整教学内容、重点和方法，理顺经济学专业理论与留学生思政育人目标的关系。本文以"当代中国经济"思政教学建设过程中对教学大纲的修订实践为基础，从教学内容、课程定位、教学目标、教学方法等方面探索留学生专业理论课程思政教学的有效途径，开展线上线下混合式教学，丰富留学生课程思政教学研究。

关键词 当代中国经济；留学生；思政教学；教学设计。

党的十八大以来，以习近平同志为核心的党中央高度重视高校课程思政建设和人才培养的高度融合与践行。2020 年《教育部等八部门关于加快构建高校思想政治工作体系的意见》提出，将高等院校课程思政从工作要求转化为实际措施落地。为落实全国高校思想政治工作会议讲话精神，我校留学生汉语教学课程掀起了专业课程思政教学改革和探索。实施留学生专业课程思政教学改革并不是简单地加入思政教育的内容，而是通过专业教学以"润物细无声"的方式实现价值观念的传递，是专业技能培养目标和思政育人的有机结合。

本文以当代中国经济课程思政建设中教学大纲的修订实践为基础，从教学对象、课程定位、教学目标、教学内容、教学评价等方面对当代中国经济课程教学如何进行课程思政进行探讨，研究来华留学生课程思政建设的有效途径，丰富留学生课程思政教学研究。

一、课程基本情况

迄今为止，中国经济创造的发展契机对世界经济乃至世界历史具有重要的意义，产生了积极的外溢效应。自 1978 年改革开放以来，中国步履稳定地成为世界上独一无二的人口数量足够多、经济规模足够大、增长速度足够快的国家，不仅改变了自身的面貌也改变了世界经济格局。越来越多的留学生迫切需要了解中国经济的现实状况，了解中国的过去、现在和未来。当代中国经济课正是为来华留学生介绍中国经济发展状况的一门课程。

当代中国经济课作为北京语言大学汉语学院汉语言专业经贸方向本科留学生的必修专

业课，开设时间为四年级第一学期，学时为 32 学时。课程结合来华留学生特点，用对方听得懂、易接受的方式，向他们全面系统讲授当代中国经济发展历程和今后方向，培养"知华、友华"的国际人才。留学生国籍来源十分多元化，语言基础和学习理解能力也存在不少差异。同时，汉语学院其他专业方向的学生也会选修本课程，这部分留学生的语言基础较好，但是由于没有在三年级选修其他经济学基础理论课程，他们普遍存在经济学理论基础薄弱、对经济运行内在逻辑的理解存在困难的情况。基于留学生生源和专业的复杂性，在紧紧围绕培养"知华、友华"的国际人才的目标下，课程的教学内容和教学方式都应充分灵活，方能达到理想的教学效果。

二、课程思政教学目标

当代中国经济课是一门经济学理论课，它具有很强的实践性。通过讲授当代中国经济运行的基本原理和规律，使留学生获得对当代中国经济发展过程及现状的基本认识，深刻认识中国经济改革、发展和演变的内在逻辑和趋势，培养留学生了解和分析中国经济热点问题的兴趣和能力，并掌握一些认知方法，对大学期间学习的各种专业理论和知识融会贯通，为他们今后从事与中国有关的工作以及进一步了解、研究中国经济情况打下必要的基础。

结合留学生特点，课程用学生听得懂、易接受的方式实现两大思政教学目标：

一是促使留学生从宏观层面了解中国经济制度由确立社会主义基本经济制度和社会主义分配制度到实施社会主义市场经济体制、不断深化改革开放的变迁背景和具体过程，动态把握中国经济融入世界经济、参与和治理世界经济的历程，提高留学生对中国经济的兴趣，加强他们对中国经济制度的认识能力和分析能力。

二是增进留学生了解中国经济发展为促进世界经济发展所作出的巨大贡献，使之认可中国的可持续发展已成为保持世界经济稳定和繁荣的核心力量，中国经济发展的成功和经验也是整个人类文明发展的重要组成部分。促使留学生认识到中国经济发展不仅为改善中国民生问题、打赢脱贫攻坚战、全面建成小康社会发挥了保障作用，也为全球经济提供了在消除贫困、拉动就业、稳定增长方面的示范作用，中国的资源、劳动、产品甚至是工业化进程都不断地给全球经济的持续发展输送了强劲的增长动力。

课程通过介绍中国经济体制改革的过程以及在经济发展过程中的城乡二元结构、产业结构调整、东西部地区发展不平衡、老龄化等问题，对改革开放以来中国经济量的增长、质的提高以及经济体制的变迁、确立、调整、改革和创新的主要线索和基本框架进行全面分析和客观评述，使留学生能够利用所学的中国经济知识以及课程中贯穿的分析方法，结合亲身体验，以实事求是的科学态度，分析和解释中国经济现象。通过安排小组任务、撰写小论文、课堂讨论等学习安排，通过思考和讨论来培养和提高留学生分析问题的能力和自学能力。

三、教学内容设计

中华人民共和国成立 70 余年、改革开放 40 余年创造了史无前例的辉煌成就，以战胜新冠肺炎疫情、打赢脱贫攻坚战、圆满完成"十三五"经济社会发展目标等伟大成就为标志，中国已经实现全面建成小康社会的宏伟目标，并进入新发展阶段，开启全面建设社会主义现代化国家的新征程。中国经济发展涵盖内容广、时间跨度长，仅用 32 课时对中国经济运行的趋势进行深入分析，帮助留学生了解中国经济问题的来龙去脉，掌握中国经济变动的轨迹和方向，教学任务十分艰巨。

为了能让留学生更加理解中国经济改革发展内在逻辑和趋势，在选择教学内容时应紧紧围绕"共同构建人类命运共同体"这一目标，突出中国经济发展对全球经济发展的引领促进作用，做到将思政教育在当代中国经济课程教学中的准确切入。目前，发展仍然是解决中国一切问题的基础和关键，是实现 14 亿人共同富裕的现代化的必要物质基础。特别是在推进现代化的新发展阶段，无论是市场经济规律还是特殊国情，都会引发诸多发展中的问题和成长中的烦恼，这些问题往往是发展中国家普遍存在的，中国的发展经验可以被其他国家借鉴学习。从这一角度出发，同时结合我国经济发展进入新阶段后的热点问题，进一步提升教学内容的时代性和开放性，有力推动专业理论与思政教育的良性互动和相互促进。

结合本专业课程自身特点和留学生学习需求，当代中国经济课程以提高教学质量、优化教学内容为核心，从问题导向出发，挖掘课程思政的价值导向，将课程内容主要分成四个板块。

（一）当代中国经济体制改革历程、现状和未来发展方向

主要内容：讲授新中国经济的起点，中国经济发展的主要阶段，解释中国经济制度内在的经济学理论，介绍中国经济改革发展的主要任务。

基本要求：了解中国经济发展的历程，熟悉分析中国经济的基本理论和方法，了解中国经济发展趋势的热点问题。

教学重点与难点：中国特色社会主义经济制度的形成，新常态给中国带来的发展机遇。

（二）中国产业发展和产业结构调整

主要内容：讲授中国三次产业的发展情况和产业结构的调整，将中国生态农业、全球制造业基地、数字经济等发展成果融入课堂。

基本要求：了解中国农村经济体制改革的原因和内容，掌握产业结构变化的一般规律及其变化原因，中国全球制造业地位的形成，中国产业结构优化的状况。

教学重点与难点：家庭承包责任制的局限性，中国工业领域所有制的多元结构，中国

数字经济的发展。

（三）中国民生状况

主要内容：讲授中国经济增长方式的转变和庞大内需市场，介绍中国社会保障体系的完善、全面完成建设小康社会的目标。

基本要求：了解居民收入和消费，小康生活水平的基本标准和全面建设小康社会的情况，了解转型时期中国社会保障面临的问题及其改革对策。

教学重点与难点：收入分配中的效率与公平，恩格尔系数和基尼系数的含义，小康生活标准及其分析，社会保障的含义、功能及社会保障体系的建立。

（四）中国人口分布与区域经济发展

主要内容：介绍中国人口数量的增长与地区分布，人口老龄化发展态势，中国地区发展现状及地区差距形成的原因，将粤港澳大湾区、"一带一路"等热点话题融入课堂。

基本要求：了解新中国人口增长的历史以及分布状态，中国人口政策的新变化，理解中国控制人口增长与人口老龄化的两难选择。

教学重点与难点：常用的人口统计指标，中国人口老龄化的特点及给社会、经济带来的影响，中国区域经济发展战略的变化。

四、教学方法

当代中国经济课程的教学过程：教师布置预习任务—学生根据教师的指导预习讲义—上课教师讲解专业概念和知识—引导学生思考讨论—提出解决问题的方法—完成练习或小组讨论任务。当代中国经济课程绝不是一门枯燥的理论课，而是要通过真实的经济案例，以生动的方式来影响留学生的情感和价值观，只有所授课程内容和留学生日常生活经验现实相契合，才能在留学生学习过程中产生共鸣。

课程利用讲授法、引导教学法、案例教学、任务驱动教学、情景教学法等多种方法，以学生为中心，从以下三个方面改进教学方法：

一是在讲解专业概念和知识点时，通过提问方式及时了解留学生水平和掌握情况，并根据留学生反应及时调整讲解表述或方法。在教学过程中侧重培养留学生利用所学的中国经济知识以及课程中贯穿的理论分析方法，结合亲身体验，以实事求是的科学态度，通过思考和讨论对中国的社会经济问题进行分析和解释。通过安排小组任务、撰写小报告、课堂讨论等学习环节，提高留学生用"中国思维"分析问题的能力。

二是在教学过程中应充分发挥学生的积极主动性，采用以留学生为主的自主学习与讨论。教师提前将每堂课的导入问题和相关学习视频上传慕课平台，发布具体学习任务，引导留学生自主思考与讨论，并在线上课程对留学生讨论结果深入交流。提出的讨论问题要尽量贴合留学生生活，从而激发留学生参与讨论的兴趣，鼓励留学生之间相互讨论，通过这种方式让留学生思维活跃起来。

三是调研和了解留学生真实的兴趣和需求，与时俱进地革新教学场景和教学方式，避免生硬地塞入思政内容，有效组织教学内容。例如，课程将《复兴之路》《中国制造》等一系列展示中国经济发展的优秀纪录片引入课堂；在每堂课用 10 分钟时间，设定一个"中国经济新闻我来讲"的教学环节，鼓励留学生从新华网、人民网等网站中选择中国经济发展最新热点话题进行阅读，提升留学生对中国经济问题的关注度，同时也鼓励留学生对比自己国家和中国的经济发展情况，加强留学生对中国经济制度的了解和理解；在实践课程中着重选择中国经济的最新发展成果作为参观对象；通过微课、慕课、多媒体等信息化教学手段，灵活运用留学生喜欢的各种方式开展线上教学，推动线上线下教学的良性互动和相互促进。

五、课程评价体系的完善

课程评价在教学过程中虽然处于最后一个环节，但在教学中非常重要。在疫情前线下教学中，本课程采取期中、期末两次考试作为主要的评价依据，同时参考出勤率、课堂表现、课后作业的综合表现。虽然以期中、期末考试试卷作为主要考核标准能比较客观地反映留学生专业知识的掌握情况，但是考虑到对专业知识的灵活应用能力、汉语言提升情况，此类考试方式的形式过于单一，不利于激发留学生日常学习的积极性，且存在具体课堂表现考核标准模糊、试题难度不好把握等问题。

在线上教学中，本课程考核评价从注重考试结果评价转变为注重过程评价，采取过程考核和结果考核相结合的办法能更全面、更客观地反映出留学生的学习效果。过程考核主要从线上课程出勤情况、视频的学习时间、课堂报告、课后作业和小组任务的完成情况几个方面进行考核评价。其中在课堂讨论中，教师在线上直接与留学生进行交流，应注意采取灵活的组织形式，积极引导每一位留学生以不同的形式参与线上讨论。

课程思政是教育教学改革的新方向，而课程思政改革的关键要素是任课教师。在专业思政教学改革中，教师必须清晰认识到这项工作的重要性，充分发挥在课堂中的引领作用。一方面教师要加强学习，增强教书育人的责任感，努力提升自身的政治理论素养和育德育才能力。对外汉语教师面对的是来自世界各国的留学生，教师是留学生在中国接触最多的人群。每一位对外汉语教师在留学生眼中不仅仅是老师，更是一个中国人的典范，应更加努力践行社会主义核心价值观中的爱国、敬业、诚信和友善，用自己的爱国精神和敬业精神去感染留学生，用诚信的言行和友善的态度去对待留学生，从而赢得留学生的尊重和爱戴。另一方面，教师要与时俱进、转变传统教学观念，不断在教学实践中探索和创新，积极探索专业课思政教学的新途径、新方法、新理论，将思政教学与专业课教学有机融合，最终实现专业教学和课堂育人的目的，为培养"知华、友华"国际专业人才增加助力。

参 考 文 献

［1］冯海丹. 高校来华留学生当代中国话题"课程思政"建设研究——以教学大纲修订为例［J］. 中国多媒体与网络教学学报（上旬刊），2021（3）：70-72+93.

［2］王清. 国际贸易实务课程思政教学改革与实践路径［J］. 对外经贸，2022（7）：129-131+135.

［3］刘嘉琪. 课程思政视域下应用型高等院校《互联网金融》课程教学改革探索［J］. 产业与科技论坛，2022，21（14）：206-207.

［4］陈颖. 思政融合背景下财务会计课程教学改革研究［J］. 经济师，2022（7）：194-195.

［5］宋鑫，王昀，宋玮. 互联网+翻转课堂教学模式在高校思政课程中的探索与实践［J］. 产业与科技论坛，2022，21（11）：135-136.

［6］张纪凤，牟亚静. 国际贸易专业人才培养模式研究［J］. 对外经贸，2020（12）：153-155.

［7］蔡昉. 读懂未来中国经济："十四五"到2035［M］. 北京：中信出版集团，2021.

来华留学生课程思政教学设计与实践
——以商务汉语综合课程为例

冯传强

（北京语言大学汉语学院）

摘　要　自2014年"课程思政"概念的提出到现在，课程思政研究已成为国内学者关注的焦点，也是实现"立德树人"育人目标的重要一环。课程思政作为一种教育理念和思维方式，理应融入来华留学生的课程教学和课程改革中的各个环节和方面。本文在调研来华留学生课程思政教学现状的基础上，探讨商务汉语综合课程思政的教学设计和教学实施，助力实现培养具有中国情怀和国际视野且"知华、友华"的高层次复合型商务汉语人才的育人目标。

关键词　课程思政；商务汉语综合课程；教学设计。

引　言

2014年，上海市相关高校对思想政治教育进行专题研究，为解决高等教育阶段思想政治教育和专业教育"两张皮"的问题，创造性地提出在全学科教学中融入思政教育元素，以"润物细无声"的方式实现渗透式思政教学。这一研究成果引起众多高校的关注，教育部随即发布相关通知和文件，多次提高课程思政概念，鼓励各高校积极推进课程思政项目，合力探索可复制、可推广的思想政治教育方案。尤其最近几年，课程思政研究已经成为国内学者关注的焦点之一。但我们也发现，由于课程思政概念提出到各种教学实践的推进，都是面向中国学生展开，因此，面向国际学生的国际中文教育是否有必要进行课程思政教学以及如何进行课程思政教学还有待进一步研究。

一、来华留学生课程思政的必要性

教育部明确指出，向世界推广汉语，传播中华民族的优秀文化，增进中国和世界各国人民的相互了解与友谊，培养更多的对华友好人士，扩大中国与世界各国的经济、文化、语言等各方面的交流与合作，对提高汉语在国际上的影响力具有重要的战略意义。2017

年 2 月，中共中央、国务院印发的《关于加强和改进新形势下高校思想政治工作的意见》提出，坚持全员全过程全方位育人。高校要落实立德树人的教育目标，发挥思想政治教育的三全育人功能。两者结合，我们就会发现，培养知华友华人才是来华留学生教育实现立德树人的根本育人目标。除此之外，与中国学生相比，来华留学生来自世界各地，他们的世界观、人生观、价值观受自身教育背景、成长环境和国家制度等的影响，更具复杂性，因此除了专业知识教育，让他们全方位了解中国、认识中国并认同中国文化是来华留学生教育的核心目标，而针对来华留学生的思想政治教育是实现上述目标的根本途径。

二、来华留学生课程思政的实施路径与原则

高校育人目标的实现是高校各部门通力协作的结果，但课堂教学是实现育人目标的主战场。习近平总书记在全国高校思想政治工作会议上明确指出："要用好课堂教学这个主渠道，思想政治理论课要坚持在改进中加强，提升思想政治教育亲和力和针对性，满足学生成长发展需求和期待，其他各门课都要守好一段渠、种好责任田，使各类课程与思想政治理论课同向同行，形成协同效应。"既然课堂教学是思想政治教学的主渠道和主战场，那么教师就成为实现课程思政教育目标的关键和核心。

（一）教师必须明确课程思政理念

对外汉语教师要不断强化学习，深入领会习近平新时代中国特色社会主义思想；积极参加课程思政教育系列教学研究，不断提升自身课程思政教育能力，明确课程思政是实现育人目标的必要教学手段，是教学内容的有机组成部分。广大对外汉语教师不仅仅是语言知识和文化知识的传播者，更是中国形象的展示者，是中国正能量的宣扬者；此外，教师还应做学生了解、认识、认同中国的领路者，让他们爱屋及乌，因为喜欢老师而喜欢中国。

（二）充分挖掘课程中的思政元素并创造性地运用到教学中

对外汉语教师在平时的教学过程中要善于挖掘课程中隐含的文化基因和育人点，这是对留学生进行课程思政教学的首要条件。在充分挖掘课程思政元素的基础上，如何创造性地有针对性地运用到教学中，是对外汉语教师更应该深入研究的问题，也是课程思政教学效果的根本保证，运用恰当的方式润物细无声地完成对学生的思政教育。

（三）建立科学有效的课程思政考核体系

既然课程思政是课程教学内容的有机组成部分，那么如何检验课程思政的教学效果就变得非常必要。在课堂教学中，对外汉语教师要注意考察和检验学生学习课程思政的效果，把课程思政作为教学内容的有机组成部分，实现教学、考察、评价的有机统一，从而把课程思政的教学效果落到实处。

三、商务汉语综合课程思政教学设计与实践

基于上述的来华留学生课程思政实践路径与原则，我们特别在任教的课程中开展了课程思政教学实践，下面主要结合我们的教学实践具体谈谈课程思政教学的设计理念和模式。

商务汉语综合课程是北京语言大学汉语学院汉语言专业经贸方向的必修课程和核心课程，课程在本科三、四年级开设。四年级上学期的商务汉语综合课程主要涵盖中国宏观经济、文化产业、房地产市场、股票市场、中国高铁、华为、联想、汇率改革等方面。根据课程的教学目标和教学内容，课程思政设计主要从以下几个方面进行：

（一）明确课程思政目标

课程思政目标是让学生深入了解中国经济领域取得的伟大成就，向学生展示中国特色社会主义制度的优越性并渗透社会主义核心价值观，实现培养"知华、友华"人才的育人目标。从教材入手，充分挖掘里面的思政教育元素，找到直接或间接的"点"，将思政元素落实在教学内容中。在商务汉语综合课上，我们把最能展示中国经济领域取得的伟大成就和最能体现中国特色社会主义制度优越性的内容作为课程思政的教学重点。比如，在《中国经济的十年之痒》一课中，我们引导学生思考中国经济飞速发展背后的原因并展开讨论，让学生感受到"改革开放"国策的正确性和中国特色社会主义制度的优越性。在《"中国制造"新名片——中国高铁》一课中，引导学生思考并讨论中国高铁飞速发展的原因，让学生了解中国举国力量办大事和中国科技体制创新是中国高铁飞速发展的根本原因。在《华为与围棋》一课中，通过学习华为的营销策略，让学生了解华为不断创新、追求卓越、逆境奋进的企业精神，而这些品质也是中国人民一直以来崇尚的民族精神。

（二）选择恰当的教学方法

教学方法上，主要采用潜移默化、润物细无声的方式，在教师的引导下，让学生自己来探究发现，而不是采用直接灌输的方式。商务汉语综合课程是首批国家级线上线下式一流本科课程，我们充分利用混合式教学的优势，让学生在北语慕课平台进行相关话题的讨论。每个学生的发言大家都能够看到，教师和学生都可以随时加入讨论。以学生为主体参与的讨论，不仅激发了学生对中国经济的深入思考，也提高了学生运用汉语的能力，也取得了很好的课程思政教学效果。除了教师，还要充分发挥学生的主体价值，强化外国人讲中国故事的作用。具体而言，充分挖掘学生提问或课堂发言及作业中的课程思政元素，创新性地运用到教学中。在我们的混合式教学模式中，学生的作业都提交到平台。为了充分利用平台提交作业的优势并激发学生之间互相学习的动力，我们将学生的优秀作业进行整理然后发布到平台，供学生进行互相学习和借鉴。比如，疫情之后的线上教学中，在学习了"莫不如是"这个成语之后，学生提交了这样的作业："'一带一路'的倡议带动了很

多国家经济，巴基斯坦，阿尔及利亚，越南，莫不如是。"我们就在课堂教学中展示这个句子，引导学生对中国提出的"一带一路"倡议进行讨论，要求学生查阅"一带一路"倡议的相关资料及"一带一路"倡议给他们国家带来的影响并提交到平台讨论区。充分利用学生提出的观点或利用学生的报告、作业进行课程思政教学是非常值得推广的教学策略。

（三）组织合适的教学实践活动

研究表明，一个人的知识80%是由亲身体验得到的。因此，"做中学、学中做"是课程思政教学设计的核心理念。除课堂教学中大量使用任务教学法、同伴学习法和探究式学习法外，我们还为学生提供更多的语言实践机会，为他们创建语言到能力、能力到素质的转化通道。通过组织适当的教学实践活动，可以让学生真切地感受改革开放以来中国取得的伟大成就，也可以让学生切身体会到中国的发展和进步。根据课程教学内容，我们充分利用首都北京的优势，每学期都会组织学生参观北京举行的各种大型展会，并组织学生赴周边企业进行参观。比如2019年北京展览馆举办了改革开放40周年成就展，我们专门组织学生前去参观，要求学生撰写参观报告并在班级进行汇报。外国人讲中国故事的形式相比中国老师给外国学生讲中国故事，往往会有到更好的教育效果。我们利用很多企业在北京设有总部的优势，组织学生赴华为、字节跳动等公司实地参观考察，这些实践活动让学生对中国社会和企业的发展有了切实的感受，加深了对中国的感情，也进一步加深了对中国特色社会主义发展道路的认同。

（四）建立公正、科学的考核体系

为了更好地落实课程思政的教学效果，我们结合课程内容设计出相应的考核体系，从而对每一个学生的课程思政学习效果进行公正、科学的评价。在学生的平时成绩考核中，我们将课程思政作为平时成绩的构成部分，给学生布置相关的作业，根据学生的完成情况给予学生客观、公正的评价。具体而言，我们将学生参与相应讨论、完成相应作业的情况进行量化打分，在期中、期末等考试中也加入相应的考查题目，从而形成一套完整的课程思政的考核体系。比如，在《拨开迷雾看股市》一课中有关于股市法律的内容，我们设计了法治中国的作业，让学生了解中国法律制度的发展历史，让学生充分认识到遵守中国法律的重要性，同时认同"自由、平等、公正、法治"的社会主义核心价值观。根据学生的作业情况给予客观、公正的评价。

为了更好地了解学生对我们课程思政教学的满意度，我们专门对学生进行了访谈和调查，超过90%的学生对这种教学方式表示认同，认为这些教学内容让他们对中国的发展和制度有了更充分的了解和更进一步的认同。由此可见，我们关于课程思政的教学模式得到了学生的高度认可。

结　语

在全球化的背景之下，我们的国际中文教育一定要向世界展示中国自信，这种自信来源于五千年文明的历史积淀，更来源于中国当下的社会、政治、经济的巨大发展。作为从事国际中文教育的教师，我们直接面对来自世界各地的留学生，只有让留学生全方位地了解中国，才能让他们认同中国文化和中国制度。因此，我们必须以习近平新时代中国特色社会主义思想为指导，在教学中融入思想政治教育，构建课程思政教学模式，从而更好地实现教育服务国家需求、人才培养需求。"课程思政"是来华留学生教育面临的重大课题，也是国际中文教育者义不容辞的责任。

参 考 文 献

［1］教育部. 关于全面提高高等教育质量的若干意见［Z］. 2012-03-16.

［2］张俊玲. 将"课程思政"理念基因式融入专业课堂教学的探索［J］. 教育教学论坛，2018（46）：49-50.

［3］傅荣琳.《大学英语》课程思政实践途径探究［J］. 才智，2018（36）. 18-20.

［4］教育部关于印发《来华留学生高等教育质量规范（试行）》的通知［Z］. 2018-09-03.

［5］习近平. 用新时代中国特色社会主义思想铸魂育人贯彻党的教育方针落实立德树人根本任务［N］. 人民日报，2019-03-19（01）.

［6］陈峥. 课程思政在对外汉语教学中的应用考察［J］. 汉字文化，2020（17）：1-6.

［7］邢瑞雪. 来华留学生"中国文化"课程思政教学设计与研究［J］. 北京印刷学院学报，2020（8）：97-100.

［8］韩宪洲. 课程思政：新时代中国特色社会主义高等教育的理论创新与实践创新［J］. 中国高等教育，2020（22）：15-17.

来华留学生课程思政探索与实践
——以当代中国话题课程为例

于 洁

（北京语言大学汉语学院）

摘 要 立德树人是教育的根本任务，课程思政是实现立德树人的有效途径。立足于来华留学生的培养目标及目前的国家战略，应当将培养"知华""友华""爱华"的国际使者作为课程思政的目标，把国情教育、文化教育确立为课程思政的两大内容。在《当代中国话题》教材中蕴含着的思政元素当以"润物细无声"的方式融入汉语教学中去。此外，本文还对课程思政的成效进行了探索。

关键词 来华留学生；课程思政；当代中国话题。

2020年，教育部印发《高等学校课程思政建设指导纲要》，全面推进高校课程思政建设。课程思政要求将专业知识与思政内容融为一体，以隐性的方式塑造全面发展型人才。目前，来华留学生的课程思政建设已经全面铺开，但由于来华留学生的课程思政教育较中国大学生具有诸多特殊性，因此相关研究仍需深化。本文以读、说并重的当代中国话题课程为例，探讨来华留学生课程思政的相关问题。

一、课程思政的目标及内容

习近平总书记在相关论述中多次谈到"培养什么人、怎样培养人、为谁培养人"这一高校发展的根本性问题。如果说课程思政目标回答的是"培养什么人""为谁培养人"，那么，课程思政的内容回答的便是"怎样培养人"。

（一）课程思政的目标

教育部2018年颁布的《来华留学生高等教育质量规范（试行）》从学科专业水平、对中国的认识和理解、语言能力、跨文化和全球胜任力四个方面对留学生人才培养目标进行了说明，其中，在"对中国的认识和理解"方面，要求"来华留学生应当熟悉中国历史、地理、社会、经济等中国国情和文化基本知识，了解中国政治制度和外交政策，理解中国社会主流价值观和公共道德观念，形成良好的法治观念和道德意识"。在"跨文化和全球胜任力"方面，要求来华留学生"应当具备包容、认知和适应文化多样性的意识、知识、态度和技能，能够在不同民族、社会和国家之间的相互尊重、理解和团结中发挥作用"。这一文件明确了来华留学生在中国国情、文化和价值观方面所应达到的目标。

2020 年，习近平总书记在给北京科技大学全体巴基斯坦留学生的回信中强调，"中国欢迎各国优秀青年来华学习深造，也希望大家多了解中国、多向世界讲讲你们所看到的中国，多同中国青年交流，同世界各国青年一道，携手为促进民心相通、推动构建人类命运共同体贡献力量。"回信明确了国家对来华留学生的期待：一是了解中国，二是传播中国形象，三是为国家战略做贡献。

结合来华留学生培养目标与当前国家战略需要，来华留学生的思政教育目标可以概括为：加深来华留学生对中国制度、国情、文化、科技等全方位正确的认识，培养更多知华、友华、爱华的高层次国际人士，传播中国形象，提高中国文化软实力，为国家战略的实施作出贡献。

（二）课程思政的内容

来华留学生的思想教育具有其复杂性和特殊性，因此，各高校对留学生的思想教育大多处于缺失状态，这就使得留学生对中国了解得不够透彻，道德水平参差不齐，价值观引导零散无序，更有甚者对中国还抱有偏见，这些都与教育部规定的留学人才培养目标相差甚远。有鉴于此，我们认为课程思政首先应该围绕"读懂中国""认同中国"来展开。

1. 中国国情

2017 年习近平总书记在中国共产党第十九次全国代表大会上指出，"加强中外人文交流，以我为主、兼收并蓄。推进国际传播能力建设，讲好中国故事，展现真实、立体、全面的中国，提高国家文化软实力。"因此，想要通过来华留学生增强中国的国际传播能力，提高中国文化软实力，首当其冲的是帮助留学生立中国国情之"德"，使之更加全面客观地认识当代中国，包括地理状况、人口状况、民族分布、政治制度、经济体制、法制、外交、教育、医疗、科技进步以及中国发展模式与发展经验，向他们重点展示中国历史底蕴深厚、各民族多元一体、文化多样和谐的文明大国形象，政治清明、经济发展、文化繁荣、社会稳定、人民团结、山河秀美的东方大国形象，坚持和平发展、促进共同发展、维护国际公平正义、为人类作出贡献的负责任大国形象，对外更加开放、更加具有亲和力、充满希望、充满活力的社会主义大国形象。

全面了解中国国情是实现来华留学生培养目标"知华"的重要途径，也是实现"爱华""友华"的必要前提。对来华留学生进行国情教育具有以下两方面的意义：

第一，吸引来华留学生了解并热爱中国。一个从未来过中国的外国人很难对中国形成正确的认识；只有真正了解中国，才有可能对中国产生更浓的兴趣并热爱中国；只有全面了解中国，才能对中国取得的成就、文化价值观方面的遵循以及对中国发展模式与发展经验理解得更透彻。

第二，消除留学生对中国的固有偏见。目前，国际舆论格局仍为西强我弱，"由于西方媒体长期对中国负面、片面地报道，部分来华留学生对中国形成单一的、模糊的、过时的刻板印象"，而这种刻板印象是阻碍留学生"友华""爱华"培养目标实现的绊脚石，只有及时清除，才会加快培养目标的实现。

2. 中国的历史与文化

习近平在中央政治局第二十三次集体学习时强调，要"向国际社会展示博大精深的中华文明，讲清楚中华文明的灿烂成就和对人类文明的重大贡献，让世界了解中国历史、了解中华民族精神，从而不断加深对当今中国的认知和理解，营造良好国际舆论氛围"。中国是世界上唯一一个文明从未中断的国家，中华民族5000多年的文明历史创造了博大精深的中华文化，为人类文明和进步作出了不朽的贡献。对来华留学生的历史文化教育主要包括朝代沿革、古代文明、文学艺术、戏剧、书法、国画、中医、太极拳、茶艺、中外交流史等。

3. 当代中国价值观

当代中国价值观是指改革开放以来中国致力于构建的以社会主义核心价值观为核心内容的主流价值观体系，它是中国价值观的当代形态。而要提高国家文化软实力，就必须努力传播当代中国价值观念，使当代中国价值观念走向世界。对此，习近平总书记强调，"要加强提炼和阐释，拓展对外传播平台和载体，把当代中国价值观念贯穿于国际交流和传播方方面面。"国际中文教育是提升中国文化软实力的重要平台，课程思政是把中国价值观推向全世界的有力保证，对留学生进行当代中国价值观的教育具有以下意义：

第一，正确理解中国价值观。目前，由于西方长期掌握着"文化霸权"，"当代中国价值观念存在太多被扭曲的解释、被屏蔽的真相、被颠倒的事实。"因此，来华留学生的课程思政要立足于中国发展总战略，肃清留学生对中国价值观的扭曲理解，引导他们正确理解中国价值观。

第二，塑造留学生的价值观。处于青年阶段的来华留学生虽然在来华之前已经初步形成自己的价值观，但由于此时的价值观仍未完全成熟与稳定，因此很容易受到外界环境的影响而发生改变。随着在华留学时间的延长，原有价值观会与中国价值观频繁发生碰撞甚至是冲突。因此，来华留学生理解中国当代价值观的过程，也是对其原有价值观不断进行调整的过程，我们应抓住契机，引导留学生形成正确的价值观，为其人生保驾护航。

如果说中国国情展示的是中国形象，那么，中国历史文化和当代中国价值观揭示的则是中国形象背后的思想力量和精神力量，三者都是实现"知华""友华""爱华"培养目标不可或缺的内容。

二、课程思政元素的挖掘——教材

教材是实施课程思政的载体，教师需要深挖教材中蕴含的思政元素，使之成为实现课程思政目标的重要依托。以北京语言大学为例，当代中国话题授课对象为四年级来华留学生，选用的教材是刘谦功编写的《当代中国话题》，该教材蕴含着以下三个方面的思想内容。

（一）中国国情

从宏观着眼，教材所选取的 17 个热门话题即为中国国情 17 个方面的高度浓缩，留学生学习的过程就是逐渐走近真实中国的过程。比如：通过就业话题了解中国大学生就业存在的问题，通过健康话题了解中国的心理亚健康状况，通过家庭话题了解中国的家庭结构类型以及形成的原因、面临的困境，等等。

从微处着眼，教师要善于在教材中寻找和挖掘深藏其中的思政元素。比如：在探讨大学生就业时，文章提到"随着高等教育的发展和信息化程度的提高，大学生就业难问题越来越突出"，此时，教师可以围绕"信息化程度的提高"向留学生展示中国在人工智能方面取得的最新成果；在探讨中国家庭规模变化时，顺势向留学生介绍中国的人口政策演变；在探讨城市建设与艺术间关系时，雕塑《永远盛开的紫荆花》似乎在向人们诉说着中国香港回归祖国的那一瞬间，《拓荒牛》又似乎在向人们传达着改革开放初期的中国人民是如何冲破重重阻力艰苦奋斗一往无前的；在探讨什么是真正的财富时，教师可以根据"生态理念是将空气、水等非商品财富纳入其中，强调非商品财富对于经济可持续发展的重要意义"帮助留学生解读中国的"可持续发展观"，抑或结合"我们只有一个地球，地球是全人类共同的家园"帮助留学生了解中国的"人类命运共同体"理念。

（二）中国历史与文化

当代中国话题课程虽冠以"当代"二字，但任何"当代"的事物都是建立在"以前"的基础上的，因此，《当代中国话题》也对朝代演变、古代文明、中医文化等方面有所涉及。

在探讨旅行的价值时，文中涉及的中国历史名城及景点——西安、大雁塔、大唐芙蓉园、大明宫遗址博物馆、东都洛阳、龙门石窟、清明上河园、开封府、大相国寺、岳庙、灵隐寺等，可以使留学生对中国历史的发展脉络及城市文明具有初步了解；在探讨城市建设与艺术间关系时，雕塑《五羊石像》很好地再现了羊化为石并将稻穗赠予岭南人民的传说，《炎黄二帝》又似乎在向读者诉说着远古时期炎帝和黄帝两位部落首领的丰功伟绩。"养生先养心""恬淡虚无"从传统中医的角度阐释了中国人的健康观，"修身、齐家、治国、平天下"则向留学生展示出中国儒家知识分子的最高人生理想。

（三）当代中国价值观

价值观处于文化体系的核心地位，是课程思政内容的重中之重。《当代中国话题》蕴含着的当代中国价值观可进一步区分为个人、社会、国家三个层次。

1. 个人层面

个人价值观是公民应当遵循的基本行为准则，凝聚了全社会的道德共识，涵盖了社会公德、职业道德、家庭美德、个人品德等方面。在《当代中国话题》中，爱国、敬业、谦虚、勤奋、踏实、感恩、节俭、诚信、本分、自立等都属于个人层面的价值观。

比如："春秋时期儒家学派的创始人孔子55岁离开鲁国，开始了长达14年的诸侯国周游之旅，68岁才归来。"（《名人大家必有一场非凡旅行》）而孔子为何"周游列国14年"？答案就在他对自己理想的执念与追求中——推行"礼乐治国"的政治主张，拯救动乱不堪的社会。具有国家担当的伟大人物不止孔子一人，康有为也是一位有大胸襟、大抱负的伟大人物。他心系国家命运，对西方的议院制度进行了详细考察，撰写了《罗马沿革得失》，希望通过学习西方拯救腐败软弱的晚清王朝；他心系国家命运，在晚年提出"世界大同"的理想。从这些实例中我们不难读出他们内心的爱国之情，甚至是天下担当。"三百六十行，行行出状元""敬业精神最可贵"（《大学生就业观念存在的问题及对策》）直接点明要热爱自己的职业，只要勤奋努力就能获得优异的成绩。"良好的家庭环境可以培养一个人良好的品质，……古有仁、义、礼、智、信，今有勤、孝、谦、和、思，二者相辅相成。"（《家和万事兴》）无论是"仁、义、礼、智、信"还是"勤、孝、谦、和、思"，都是做人基本的道德准则，"仁"就是"善良"，"勤"就是"勤劳"，"礼"就是"明礼"。"君子爱财，取之有道"（《财富观漫议》）告诫人们要通过合法的手段诚实致富，引导留学生要为人诚信、正直。而"一屋不扫，何以扫天下"（《家和万事兴》）则强调一个人必须从一点一滴的小事做起，才能成就一番大事业。

2. 社会层面

社会层面的价值观主要是社会成员进行社会交往时共同遵守的行为准则。比如在《身心健康才是真正的健康》中，作者提到体育课的教学目标与教学任务"是对学生进行道德品质教育，如拼搏精神、团队精神等"。"团队精神"是大局意识、协作精神和服务精神的体现，其中协同合作是其核心内容，反映的是个体利益和整体利益的统一，与中国提倡的集体主义具有很多相似之处。因此，教师可以从团队精神、集体主义两方面对留学生加以引导。

3. 国家层面

国家层面的价值观是以"富强、民主、文明、和谐"为主的价值观，其中"和谐"在教材中出现的次数是最多的。比如："自然界是人类赖以生存和发展的物质基础，……长期以来，我们对自然界的索取带有严重的破坏性，造成的很多生态问题需要几代乃至十几代人的时间才能修复，而有一些甚至不可逆转"意在强调人与自然要和谐相处。"礼之用，和为贵"（《家和万事兴》）反映了中国的"明礼"价值观，但"明礼"的目的仍然是"和谐"。

除了和谐，文明、富强的价值观在教材中也有所显现。比如："城市要有自己的情调空间"这一话题蕴含了人们对精神文明的追求，对文明的向往。雕塑《拓荒牛》充分彰显了中国人对生活更美好、国家要富强的强烈愿望。

可见，在《当代中国话题》中蕴含着丰富的思政元素，留学生学习的过程就是在不断"读懂中国"的过程。而唯有"读懂中国"，才能拉近留学生与中国的距离，才能让留学生产生对中国和中华文化的亲近感，实现从"知华"到"友华""爱华"的跨越。

三、课程思政教育的实施——教学

教材思政元素的挖掘只是实现课程思政的一小步，只有将其纳入汉语教学中去，思政效果才会显现。目前，"润物细无声"的融入方式已经得到学术界的共识。下面将探讨当代中国话题思政元素的融入路径。

（一）阅读阶段的思政教学

在阅读阶段，教师要善于结合阅读文章对留学生进行思政引导，增强他们对中国国情的正确认知，塑造他们的人生观、价值观。

1. 一般性引导

一般性引导，指的是在阅读过程中，教师根据文章中的思政词语进行思政引导。比如：在《财富观漫议》的第一部分，作者在探讨"君子爱财，取之有道"时，教师要善于结合荀子的"先义而后利者荣，先利而后义者辱"给留学生讲清传统思想中的"义利观"；在探讨金钱获得途径时，使留学生了解哪些行为是违反中国法律的，比如赌博、贩毒等。在《财富观漫议》的第二部分，作者提出了"生态理念"这一概念："生态理念是将空气、水等非商品财富纳入其中，强调非商品财富对于经济可持续发展的重要意义。""可持续发展"是我们从中挖掘出的思政要点，教师在教学中可围绕"可持续发展"进行深度解读，深化留学生对中国治国理念的认识，同时鼓励留学生进行中外对比，在对比中体会理念的正确性，进而生发对中国发展的认同感。同时，"生态理念"仅以界定的形式出现在课文中，给留学生的印象也较为肤浅，教师在教学中可以结合习近平总书记"绿水青山就是金山银山"的理念，提高留学生对中国在环境保护方面所取得的成就的认同感。在第三部分，作者谈道："相反，有些人并不是十分有钱，但把生活安排得井井有条，该工作工作，该享乐享乐，每天都开开心心的，正如一句俗话所说：知足常乐。"对于"享乐"，教师在教学中既要说明适当放松的必要性，也要强调不要把"享乐"当成人生的唯一目标，引导留学生奋斗才是年轻人该有的样子："你奋斗的样子真好看！""青春是用来奋斗的，不是用来挥霍的！""幸福是奋斗出来的！"

2. 深度引导

深度引导，指的是在阅读过程中，教师根据文章内容概括出相关的思政要点，引导留学生理解"文外之意"。比如："我们只有一个地球，地球是全人类共同的家园，地球上的自然资源是人类最宝贵的财富，自然资源枯竭了，这个家园也就被毁坏了，我们如何生存，我们的子孙后代何以为继？"（《财富观漫议》）文章本身并没有现成的思政要点供我们使用，而是需要教师根据文章内容对思政要点进行概括。众所周知，中国提出的"人类命运共同体"理念是基于对包括资源短缺、气候变化在内的全球非传统安全问题的思考，认为"人类只有一个地球，各国共处一个世界""无论人们身处何国、信仰何如、是否愿意，实际上已经处在一个命运共同体中。"因此，教师在教学中可以结合上面的文章内容，让留学生理解中国的"人类命运共同体"理念。

（二）口语表达阶段的思政教学

口语表达阶段的教学活动包括学生表达和教师反馈两部分，教师应主动将课程思政内容融入口语表达的各个环节中去。比如：在选题环节，教师可以引导留学生尽量选择对比类的题目，因为对比不仅可以增强留学生对国际多元化的认识，也可以培养他们尊重与包容的态度。如若在对比中发现中国的"优势"，那么其对中国的认同感将得到大大的提升；在提纲写作环节，要求留学生真实表达自己的所看、所思、所想，杜绝留学生网络抄袭和空洞无物的表达；在教师反馈环节，教师要对留学生表达的"中国认识与理解"进行积极反馈，并适时适当地结合课程思政要点加以引导，助力课程思政目标的落地。

口语表达阶段的思政要素融入亦可分为一般性引导和深度引导两种方式。下面将以留学生的真实表达为例，介绍当代中国话题课程引导留学生实现课程思政目标的具体方法。

1. 一般性引导

在口语表达阶段，针对留学生口语表达中的词句进行阐发，达到思政的目的。下面是一位英国学生围绕"百闻不如一见"发表的看法（部分）：

"当我们听到关于一个国家或一种文化的信息时，我们常常无法确定信息来源是否存在偏见。作为一个西方人，我经常遇到偏见，我想分享与中国有关的问题的报道，不幸的是，由于英国媒体对中国的描述，从未去过中国的英国人有对中国的负面看法，有一种误解，认为生活在中国的中国人经常受到压迫或生活条件恶劣。尽管任何国家当然有负面的方面，但我认识的去过中国的人总是对人们在这里享受到品质生活感到惊讶，……"

以下是教师的点评及对学生思政教育的引导：

教师：你的报告提到了新闻媒体报道的问题，说明了媒体报道和书跟亲身体验有什么区别。那么，你能不能举一个真实的例子？比如没来中国的时候，你通过媒体知道的中国是什么样子的？你来到中国以后，觉得哪个地方跟媒体报道的不一样？

学生：在英国，在新闻中关于中国的报道常常是负面的，所以，我对中国的印象也是不太好的。我来中国以前，我的两个朋友在中国生活了两年，他们告诉我"你应该来中国，你应该来中国，中国跟新闻描述的不一样。"我来中国以后，我也觉得这样。对，很多西方人都不知道中国的情况是怎么样的。

教师：如果没有那两个朋友，你还会来中国吗？会不会相信了媒体，真的认为中国到处都有压迫，天气又不好？

学生：我觉得我不会来中国。

教师：你的两个朋友帮助你了解了真实的中国，所以，你才有机会来到中国，你应该感谢你的两个朋友，也希望你能通过自己的眼睛告诉更多的英国朋友真实的中国是什么样的，因为你们是文化交流的使者。

学生：是的，我会的。

由此可见，这位学生正在从一个中国的见证者转变为一个讲述者，这恰恰是思政教育最乐于见到的结果。

2. 深度引导

深度引导，是指留学生的口语内容并不包含课程思政的词语或句子，教师需要根据留学生的口语内容对思政要点进行概括，提升他们对相关思政要点的理解。

比如：俄罗斯学生在表达"三百六十行，行行出状元"时，既解释了句子的含义，也引用了1000多个成功人士的成功经验来说明如何成为状元，但唯独缺乏对"敬业""职业平等"的思考。此时，教师可以针对俄罗斯学生的发言，提出与口语表达相关的一些问题，引导留学生树立正确的劳动价值观念。

教师："三百六十行，行行出状元"这句话意在强调，凡事只要热爱，努力去做，就一定会成功。同时，它也提醒我们就业时不要有行业歧视。你们的国家（面向全班同学提问）是否存在行业歧视的现象？

学生：有。在越南，大家都觉得老师这个职业不太好。这里的"不太好"不是说这个职业没有前景，而是因为收入不太高，而且比较辛苦，只有在没有其他选择的情况下才会选择当老师。大部分人都这样认为。

教师：社会上的每一行每一业都需要有人去做，只要是靠自己的劳动赚钱，就应该赢得人们的尊重。大家马上就要步入就业阶段，千万不要在就业时存在行业歧视、劳动歧视的心理。只要努力，不管我们未来从事的是哪一行哪一业，我们都可以做到最好。

总之，寓思政于汉语教学，以"润物细无声"的方式去引导、影响学生，这是来华留学生课程思政总的遵循。作为课程思政的主导者，教师不仅要在课前细心挖掘教材中的思政元素，而且要在课堂上通过教学精心呵护留学生的成长。

四、课程思政教育的成效

思想教育属于意识形态方面的教育，其成效不能一蹴而就，即使有，也具有极强的隐蔽性，因此学术界对课程思政成效的研究比较少。然而，课程思政效果既是课程思政建设的重要组成部分，也是检验课程思政建设质量的重要指标，因此，本文将结合留学生的表达（包括口头和书面两种形式）对当代中国话题的课程思政成效进行总结。

1. 了解真实的中国，消除固有的偏见

了解中国的途径很多，但唯有真正来到中国，亲眼观察中国，亲身体会中国，才能消除对中国的固有偏见。上文所举的英国学生的例子便是这方面的典型。诚然，了解中国需要一个过程，也绝非一门汉语课所能承载，但不可否认的是，当代中国话题给留学生"读懂中国"提供了一条捷径,这是毋庸置疑的。

2. 塑造留学生的"三观"

一个人的"三观"的建立从出生开始,并在家庭、社会的影响下逐步形成,然而随着在中国留学的时间的延长,对中国价值观的了解也越来越全面,越来越深刻,加之中国报刊、电视和广播等的传播以及老师、朋友的影响,学生的人生观、价值观也会随之改变。

在学习"旅行"话题前,大多数留学生都把旅行的目的归结为感兴趣或放松心情,但学了《名人大家必有一场非凡的旅行》一文后,他们对旅行有了新的认识。比如:"我总是感兴趣或者想放松心情而去旅游。所以,从来没有因为想在事业方面发展或者长知识去旅游。……旅行还会让我们成为在事业方面有成就的人。因此,我们应该换个角度来思考关于旅行。"(日本学生)"以前,对于旅行,只想着休假和减轻压力的目的。可是通过学习这篇课文,我重新思考了没有想到的部分。我认为,去旅行时,接受、体验其他国家的文化是一件了不起的事情。在旅行的过程中,还可以扩大见识,以更广阔的视野看待世界,获得进一步成长的机会。"(韩国学生)

关于"金钱",有留学生坦言之前十分拜金,但学了《财富观漫议》一文后,发现生活中除了金钱,还有很多值得我们珍惜和追求的东西。如:"金钱大部分的时候会影响到人们的物质生活,但是生活不仅仅只有金钱,还有诗和远方。"(澳大利亚学生)有的学生开始反思赚钱的目的,如:"我经常问自己是否要一辈子赚钱(才算)有价值?"(意大利学生)有的学生对金钱有了更深刻的思考,认为"金钱有时会让人陷入肮脏的漩涡,出卖自己的个性。"[刚果(金)学生]有的学生则发出"不要让金钱深度地改变我们或者让金钱把我们的心情变成石头"[刚果(金)学生]"我不希望自己成为挣钱的工具"(美国学生)的呼声。

对于"幸福",有的学生以前把钱看成是幸福和成功的判断标准,认为世界上最重要的东西是钱,满脑子里都在想"快,挣钱!如果有了足够的钱就不用每天这么辛苦地学习、工作、照顾孩子了"。但经过课堂上对金钱与幸福关系的探讨,她的态度也大有改变,"富裕并不一定幸福""我发现生活里有足够的快乐,比如自己和家人都很健康"。(日本学生)

对于"时间","我刚刚学了一句话'一寸光阴一寸金,寸金难买寸光阴',通过我的学习和老师们的教育,我知道了这句话的含义是时间在我们的生活中是最宝贵的。"(巴基斯坦学生)

语言输出是检验课程思政成效的一种方式,越来越多的来华留学生选择"留在中国"也是衡量课程思政成效的有效手段,因为他们用行动诠释了对中国的热爱与认可。

结　语

爱因斯坦曾说过,"用专业知识教育人是不够的,通过专业教育,他可以成为一个有用的机器，但是不能成为一个和谐发展的人。"当代中国话题课程应充分发挥育人功能，将国情教育和文化教育落到实处，促进留学生对中国的认识和理解，促使留学生的能力培养和正面认知培养双向而行，使之成为中国梦的建设者和文化的传播者。

参 考 文 献

［1］中华人民共和国教育部. 来华留学生高等教育质量规范（试行）［EB/OL］.［2022-11-23］. http://www.moe.gov.cn/srcsite/A20/moe_850/201810/t20181012_351302.html.

［2］习近平：建设社会主义文化强国 着力提高国家文化软实力［EB/OL］.［2022-11-23］. https://news.12371.cn/2013/12/31/ARTI1388504955461547.shtml.

［3］沈霄."看"中国：作为"他者"的国家形象建构——基于Facebook"中国文化"系列短片的文本分析［J］. 西安交通大学学报（社会科学版），2019（5）：146-154.

［4］习近平：建设中国特色中国风格中国气派的考古学 更好认识源远流长博大精深的中华文明［EB/OL］.［2022-11-23］.https://www.12371.cn/2020/09/29/ARTI1601358681942239.html.

［5］中共中央文献研究室. 习近平关于社会主义文化建设论述摘编［M］. 北京：中央文献出版社，2017.

［6］李怡."课程思政"背景下高校来华留学生思想教育理念与方式探索——以"中国概况"课程为例［J］. 思想教育，2021（34）：63-66.

［7］刘谦功. 当代中国话题［M］. 北京：北京语言大学出版社，2020.

［8］罗艺. 课程思政背景下来华留学生汉语类课程课堂教学改革［J］. 云南农业大学学报（社会科学），2021（6）：158-164.

［9］曲星. 人类命运共同体的价值观基础［J］. 求是，2013（4）：53-55.

［10］张琼、丁镭、吴安萍. 中国国家形象融入来华留学生概况类课程的教学探索——以宁波职业技术学院为例［J］. 职业教育研究，2022（6）：135-137.

［11］赵银姬、陈敏. 高校国际学生课程思政教学探索与实践——以"中国概况"课程为例［J］. 教育教学论坛，2022（19）：1-4.

［12］许良英，等. 爱因斯坦文集（第3卷）［M］. 北京：商务印书馆，1979.

来华留学生汉语综合课程思政的挖掘与实施
——以《发展汉语·中级综合（I）》为例

郭　九①

（北京语言大学汉语学院）

摘　要　本文以《发展汉语》（第二版）系列教材中的《发展汉语·中级综合（I）》为例，探索来华留学生汉语综合课程思政的挖掘和实施。研究发现：课程思政元素多隐藏在显性的语言文化知识背后，且在词汇和课文部分尤为明显；课程思政的挖掘应结合教学目标和学生水平，分类分层分级挖掘；课程思政的实施在内容上应做到传统和新近、民族和世界、真实和立体三个方面的有机统一，同时坚持潜移默化、循序渐进、融会贯通和适可而止四个方面的实施原则。

关键词　来华留学生；汉语综合课程；课程思政；挖掘与实施。

引　言

课程是人才培养的基本单元，是课程思政建设的根本依托。沈庶英指出，课程思政指以构建全员、全程、全课程育人格局的形式将各类课程与思想政治理论课同向同行，形成协同效应，把"立德树人"作为教育的根本任务的一种综合教育理念。

自 2014 年上海市教育委员会提出"课程思政"概念并在上海的一些高校进行试验取得较好的成效后，课程思政建设工作在各大高校逐渐开展开来。2016 年 12 月，习近平总书记在全国高校思想政治工作会议上指出，"要用好课堂教学这个主渠道，思想政治理论课要坚持在改进中加强……其他各门课都要守好一段渠、种好责任田，使各类课程与思想政治理论课同向同行，形成协同效应。"习近平总书记的重要指示，为课程思政的进一步开展指明了方向，提供了思路。

2020 年 5 月 28 日，教育部印发实施《高等学校课程思政建设指导纲要》（以下简称《纲要》）。《纲要》提出，课程思政建设要在所有高校、所有学科专业全面推进，围绕全

---

①　本文系北京语言大学校级"精品专业课培育计划"的成果之一，项目编号为 JPZ201901。

面提高人才培养能力这一核心点，围绕政治认同、家国情怀、文化素养、宪法法治意识、道德修养等重点优化课程思政内容供给，提升教师开展课程思政建设的意识和能力，系统进行中国特色社会主义和中国梦教育、社会主义核心价值观教育、法治教育、劳动教育、心理健康教育、中华优秀传统文化教育，坚定学生理想信念，切实提升立德树人的成效。《纲要》的印发实施，进一步明确了课程思政的战略目标、重点内容、实施路径，为全国各大高校开展课程思政工作提供有力的参考价值。

一、来华留学生课程思政概况

（一）来华留学生课程思政的实施意义

教育部《来华留学生高等教育质量规范（试行）》指出，来华留学生教育旨在实现对留学生的学科专业水平、对中国的认识和理解、语言能力以及跨文化和全球胜任力等四个方面的培养目标，进而将来华留学生培养成人类命运共同体的建设者、世界文明交流互鉴的推动者和具有全球竞争力的高素质国际化人才。

来华留学生课程思政的实施有利于加强来华留学生对中国的认识和理解、培养其跨文化和全球胜任力，进而实现文明交流互鉴、构建人类命运共同体的终极目标。具体来说：一是通过帮助来华留学生熟悉中国历史、地理、社会、经济等中国国情和文化基本知识，了解中国政治制度和外交政策，理解中国社会主流价值观和公共道德观念，形成良好的法治观念和道德意识；二是有利于培养来华留学生包容、认知和适应文化多样性的意识、知识、态度和技能，帮助他们在不同民族、社会和国家之间的相互尊重、理解和团结中发挥作用。

（二）来华留学生课程思政的研究现状

近年来，全国各地各大高校已陆续开展了一系列课程思政进入留学生课程、教材、课堂的改革实践活动，极大地推动了来华留学生课程思政的实施。如打造留学生课程思政精品示范课程，建立课程思政教学研究示范中心，开展留学生课程思政实践活动，进行留学生专业课程思政教学改革，培育留学生课程思政教学专业团队等。

目前，来华留学生课程思政研究主要呈现出如下特点：一是文献数量较多。本文依托中国知网（CNKI）平台，以"留学生课程思政"为关键词进行检索，共检索到相关文献114篇，其中期刊论文较多，学位论文较少。二是研究趋势呈直线上升。其中2019年相关研究成果8篇，2020年相关研究成果18篇，2021年相关研究成果60篇，2022年相关研究成果81篇（预测值），整体上呈直线上升趋势。三是研究内容种类繁多，内容丰富。涵盖了汉语类课程思政、中国文化类课程思政、中国概况类课程思政、学科建构、课程思政实施路径研究、课程思政建设。

二、来华留学生汉语综合课程思政的挖掘

汉语综合课程，作为来华留学生的主干课，集语音、词汇、语法、汉字等语言要素、语言知识以及文化知识为一体，承担着汉语知识传授与听、说、读、写、译能力综合培养和训练的双重任务，内容丰富、形式多样、教学方法灵活、贯穿整个留学生汉语课堂，其中蕴含着各种各样的课程思政元素，是实施课程思政进入留学生课堂的重要载体和平台。这里，我们以北京语言大学出版社于 2012 年出版的《发展汉语》（第二版）系列教材为依托，以《发展汉语·中级综合（Ⅰ）》为具体案例，对来华留学生汉语综合课程中蕴含的思政元素进行挖掘和拓展。

（一）《发展汉语》（第二版）系列教材概况

《发展汉语》（第二版）为中国人民大学李泉教授主编，主要供来华学习汉语的长期进修生使用。整套教材共 28 册，包括初级综合（Ⅰ、Ⅱ）、中级综合（Ⅰ、Ⅱ）、高级综合（Ⅰ、Ⅱ），初级口语（Ⅰ、Ⅱ）、中级口语（Ⅰ、Ⅱ）、高级口语（Ⅰ、Ⅱ），初级听力（Ⅰ、Ⅱ）、中级听力（Ⅰ、Ⅱ）、高级听力（Ⅰ、Ⅱ），初级读写（Ⅰ、Ⅱ），中级阅读（Ⅰ、Ⅱ）、高级阅读（Ⅰ、Ⅱ），以及中级写作（Ⅰ、Ⅱ）、高级写作（Ⅰ、Ⅱ）。词汇选择上结合语言生活实际，广泛吸收了诸如"手机、短信、上网、自助餐、春运、打工、打包、刷卡、自助餐、物业"等当代中国社会中的常见常用词语；课文内容与文化内容上今古兼顾，以今为主，全方位展示当代中国丰富多彩的社会生活和中国文化的多元与包容。

通过上述教材特色及具体的教学实践，我们发现《发展汉语》（第二版）系列教材中蕴含了大量的课程思政元素，是挖掘和实施来华留学生课程思政的宝贵材料和重要平台。因此，本文选取《发展汉语》（第二版）系列教材中的主干教材《发展汉语·中级综合（Ⅰ）》，对其中所蕴含的课程思政元素进行挖掘、拓展和总结，进而为任课教师在汉语综合课堂教学中实施课程思政提供一定的参考和帮助。

（二）《发展汉语·中级综合（Ⅰ）》课程思政元素的挖掘

李泉指出，《发展汉语·中级综合（Ⅰ）》，以"注重话题的开放性、现实性、交际性和可讨论性"为特色追求，课文和练习内容以反映当代中国现实生活为主，以便课堂教学操作和对当代社会的了解；同时，注重语言和文化的融合，兼顾中外文化的沟通，以便加深学习者对中国文化的了解，增强跨文化交际能力。本文将重点对《发展汉语·中级综合（Ⅰ）》中词汇和课文两部分的思政元素进行挖掘、拓展和总结。

1. 词汇部分

根据《纲要》中提出的课程思政建设重要内容，结合每课具体的课堂教学内容，本文对《发展汉语·中级综合（Ⅰ）》词汇部分存在的课程思政元素进行挖掘和拓展，并将

其归纳总结为如下六个类别：

（1）文化类

如：第1课"瓦（红墙绿瓦的北京历史、建筑文化）、招牌、可口、涮、烤等北京秋季的饮食文化、冰鞋（北京冬季的滑冰文化）"等词；第7课"新郎、新娘、敬酒、护身符、穷鬼"等婚俗文化；第10课"配（不上）、勇敢、结结巴巴、频繁、征服、错过、童话、王子、公主、遗言、谎言、今生、来世"等婚恋文化观。上述词汇蕴含着丰富的文化内容，从各个层面反映了中国历史、建筑、饮食、民俗、婚恋等各个方面的文化传统和历史习惯，对其进行课程教学，一方面有利于来华留学生了解中华优秀传统文化，另一方面有利于培养留学生多元的文化观、比较的文化观，进而培养其尊重、包容、开放的世界文化观。

（2）道德修养、价值观类

如：第3课"坚强、自立"等词；第4课"恭敬、规矩、听话、整洁"等词；第5课"老实、责任心"等词；第7课"大方、面子"等词；第13课"紧巴巴、用功、未来、本身、公正、分别、退休、青春、梦想、思考、辞职、创办、回想、经营、当初、积蓄、攒、真诚、报答、慈爱、甜蜜"等词；第14课"兄弟、肩膀、惦记、发热、七上八下、迷信"等词。这些词从亲情、个人品质、家庭教育、面子观念、人生中重要的事儿、友情等角度反映了中国人的道德修养和价值观，对其进行思政教育，有利于留学生理解中国文化背后的深层价值观念，为世界各国文化、文明的交流互鉴作出自己的贡献，进而成为知华友华的国际性人才。

（3）基本国情类

如：第2课"小区、美容院、健身房、咖啡厅、档次、学区房、骄傲、地位、加班"等词；第4课"出头、行业、快递、业务、投诉"等词；第11课"族、烦恼、代名词、广告、设计、网页、分享、生意、留言、业余、撰稿、敲打、键盘、工资、稿费、孤独、发脾气"等词；第12课"拇指、接听、屏幕、按动、热衷、魅力、乐此不疲、用户、花样、快捷、输入、关节、操作、速度、功能、通病"等词；第14课"升职、费钱、气派、房贷、开场白、离婚、摆地摊儿、门面、买卖"等词。这些词汇从租房、最认真的快递员、居家办公族、手机族、买房等方面向留学生展示了一个真实立体形象的当代中国，选择对其进行课程思政教学，有利于加深留学生对中国的认识和理解。

（4）绿色发展类

如：第9课"生物钟、人类、生物、居民、植物、科学家、周期性、微生物、信息、实验、器官、照射、调整、睡眠、遵守、规律、激素、衰老、日光浴、最佳"等词；第15课"屋顶、水泥、体验、乐趣、田野、乡下、种植、种子、肥料、苗、青色、丰收、化肥、农场、改善"等词。这些词从自然、人类的生物钟、绿色蔬菜种植等方面反映了中国的绿色发展理念，对其进行思政教学，有利于帮助留学生理解中国的绿色发展观，进而培养其为全球环境治理作贡献的意识。

（5）教育类

如：第3课"职业中学、报、志愿"等词；第5课"录取、通知书、高等教育、学历"等词；第8课"天使、魔鬼、诗歌、诗集、古典、教材、天书、围棋、迷宫、研究、哲学、散文"等词。这些词从家庭教育、最好的教育、语言教育等方面真实客观地反映中国的教育理念，对其进行思政教学，有利于留学生进一步理解中国的教育制度，进而理解中国的主流价值观。

（6）心理健康教育类

如：第6课"难受、幸运、陌生、打交道、上司、压力、包围、支支吾吾、汗、遭遇、难熬、机灵、害羞、等候、鼓励"等词；第13课"晕头转向、心灰意冷、自杀、劳累"等词。这些词集中体现了中国人在处理与陌生人关系时的心理状态，也从侧面反映出中国人在处理这些心理问题时的情绪变化，是进行心理健康教育类课程思政的重要元素。

综上所述，综合课词汇部分思政元素丰富，类别多样，层级明显。需要注意的是，在具体的实施过程中应注意结合留学生的个体差异，从认知、理解、实践三个级别分层推进，逐步实施。如只需要认识、了解大意的词汇中蕴含的思政元素可以从认知的层面实施，不必强求留学生必须牢记；需要认识并理解的词汇中蕴含的思政元素则可以从理解的层面实施，可在具体的使用方面对留学生提出要求；需要重点理解并要求使用的词汇中蕴含的思政元素则可以从实践层面实施，并重点在其引申义、拓展义、使用规则、使用语境等方面对留学生提出更为严格的要求。

2. 课文部分

根据课文具体内容和课程思政建设内容，我们将《发展汉语·中级综合（Ⅰ）》课文中存在的思政元素进行挖掘和拓展，见表1。

表1 《发展汉语·中级综合（Ⅰ）》课程思政的挖掘及拓展

序号	课文名称	思政元素的挖掘和拓展
1	《北京的四季》	（1）以前的四季与现在的四季，在变化中感受传统与现代的不同。 （2）你们国家的四季与北京的四季，在比较中感受异同。 （3）了解中国"绿水青山就是金山银山"理念，引导学生反思我们可以为绿水青山做些什么，进而培养学生的全球胜任力。 （4）了解中国人"母亲""第二故乡""安土重迁"等传统价值理念
2	《租房只要一个条件》	（1）租房的重要条件。 （2）数字化时代图书馆存在的价值及意义。 （3）中国的住房观念。 （4）中国的学区房。 （5）中国人的重面子的价值观念

序号	课文名称	思政元素的挖掘和拓展
3	《我和父亲的"战争"》	（1）中国父母表达爱的方式。 （2）你们国家父母表达爱的方式。 （3）中国人的亲情观。 （4）中国父母教育子女的特点及父母对子女的期待（严父慈母、望子成龙、望女成凤等）
4	《最认真的快递员》	（1）你觉得成功的秘诀是什么？ （2）中国人认真负责、坚持不懈的职业观。 （3）中国人舍己为人的家庭奉献观
5	《最好的教育》	（1）最好的教育是什么？ （2）中国的家庭教育观，你们国家的教育观。 （3）一个人最重要的品质是什么？ （4）"静以修身，俭以养德"的中国道德修养
6	《电梯里的1分27秒》	（1）初来中国，你怎样和新朋友交流？ （2）你们国家和陌生人打交道的方式。 （3）中国人如何处理与领导的关系？ （4）中国人"沉默是金"的观念
7	《我在中国学"大方"》	（1）你觉得中国人的"大方"怎么样？你们的国家和中国一样吗？ （2）中国的彩礼、礼金问题。 （3）你怎样看待"打肿脸充胖子""死要面子活受罪"这两句中国俗语？ （4）中国人舍己为人的集体主义精神
8	《天使之笔》	（1）语言没有国界，犹如桥梁，跨越山海。 （2）尊重、欣赏犹如天使之笔，擘画出世界文明交流互鉴的美好愿景。 （3）我们可以为世界文明交流互鉴和人类命运共同体的构建做些什么？
9	《生物钟》	（1）你有哪些生物钟，它们是怎样形成的？ （2）大自然有哪些"生物种"，我们该怎样遵守大自然的"生物钟"？ （3）中国的"绿水青山就是金山银山"理念是怎样遵守大自然的生物钟的？ （4）人类文明有哪些生物钟，怎样遵守人类文明的"生物钟"？

序号	课文名称	思政元素的挖掘和拓展
10	《给咖啡加点盐》	（1）你选择另一半的标准是什么？ （2）你们国家的婚姻、恋爱观念是怎样的？ （3）你怎样看待"日久生情"和"一见钟情"？ （4）古代的婚恋观和现代的婚恋观有哪些异同？
11	《"SOHO 一族"的快乐与烦恼》	（1）居家办公有哪些优势和劣势？ （2）线上教学、学习有哪些优点和缺点？ （3）中国的居家办公和网络办公有哪些特点？中国人喜欢吗？为什么？ （4）疫情给我们带来了什么？（共同抗疫、中国担当、世界协作等）
12	《让拇指说话》	（1）你有手机依赖症吗？ （2）你怎样看手机依赖症？ （3）信息化发展给我们的生活带来了哪些变化（线上教学、云端体验、世界联系等方面）
13	《人生最重要的三件事》	（1）你觉得人生中最重要的是什么？ （2）中国读书改变命运的传统思想。 （3）中国人"滴水之恩当涌泉相报"的道德修养（全球疫情，相互扶持，相互帮助）
14	《梦里有你》	（1）中国人是怎样对待友情的？ （2）怎样理解中国俗语"日有所思，夜有所梦"？ （3）中国人面临着哪些买房压力？ （4）中国人的住房观念是怎样的？（房奴、六个钱包等）
15	《绿色屋顶》	（1）你们国家的绿色屋顶是什么样的？ （2）保护环境的小妙招有哪些？ （3）中国"绿水青山就是金山银山"理念。 （4）中国人"自食其力、自己动手丰衣足食"的传统美德（上海疫情，阳台种菜）

由表 1 可见，来华留学生综合课程课文部分思政元素丰富，每课都能挖掘出不同层次的思政元素。和词汇部分相同，课文部分思政元素的实施也需要结合留学生的语言水平，分层分级、逐渐推进。表 1 中的每篇课文都存在 3~4 个不同层级的思政元素，在进行具体的教学中教师应有所取舍，在关注教学目标、学生需求以及难易度的基础上选择 1~2 个合适的思政元素进行教学。

三、来华留学生汉语综合课程思政的实施

《纲要》指出，课堂教学是课程思政建设的出发点和落脚点，抓住课堂教学"主渠道"，一方面要把课程思政融入课堂教学建设，另一方面要综合运用第一课堂和第二课堂，

将"读万卷书"与"行万里路"相结合。因此，课程思政的实施应依托具体的课堂教学，在实施过程、实施内容、实施原则等方面作出如下探索：

（一）实施步骤

《发展汉语·中级综合（Ⅰ）》主要包括题解、词汇学习、走进课文、脚注、综合注释、综合练习、语言点小结等七个环节。本文以题解、词汇、走进课文和综合练习等四个环节为例，将综合课程思政的具体实施步骤概括如下：

1. 题解环节，课程思政的热身

根据本课挖掘出的思政元素，将其和课文题解结合起来形成1~2个思考问题，帮助学生提前了解本课将要融入的思政元素。

2. 词汇环节，课程思政的解释

在讲授词汇的同时讲解其中蕴含的思政元素，引导留学生自己思考并挖掘其中的思政元素，以帮助学生理解相关词汇中思政元素的具体内涵和实际意义。

3. 课文环节，课程思政的理解

将词汇中蕴含的思政元素恰当地融合到课文的讲解中，利用课文语境和课文设置的提问，进一步引导留学生理解相关的课程思政。

4. 综合练习环节，课程思政的运用

利用课文理解、阅读、表达、写作、拓展学习等各种形式的练习，引导留学生对词汇、课文中的思政元素进行表达和运用，以帮助留学生真正理解，达到"立德树人、培养情操"的课程思政目的。

（二）实施内容

和一般的课堂教学相比，留学生课堂更具特殊性，课程思政进入留学生课堂应结合留学生的区域国别差异、个体特征差异、语言水平差异等，在内容上做到传统与现代、民族和世界、真实和立体三个方面的有机统一。

1. 兼顾传统的和当代的

由上述词汇部分和课文部分思政元素的挖掘情况来看，教材中的思政元素既包含传统价值观念又涉及当代中国国情与发展。因此，教师在进行课程思政教学时应合理分配，将传统的、当代的中国故事都融入相关的表达中，以增强留学生对中国社会的立体认知和深入理解。

2. 兼顾民族的和世界的

来华留学生的培养目标之一是培养其跨文化和全球胜任力。因此，在进行课程思政的教学时，除了要挖掘中国特色的思政元素，还应该注意中国思政元素和世界的联系，从中挖掘一些世界性思政元素，进而引导留学生尊重不同民族、社会和国家之间的文化差异，在促进文化理解和人类命运共同体构建中发挥应有的作用。

3. 兼顾真实的和立体的

课程思政元素的挖掘和实施还应注重内容的真实性和立体性。首先，课程思政应真实反映中国特色社会主义、中国梦、中华优秀传统文化、人类命运共同体等方面的发展变化，不能为了课程思政而刻意美化。其次，课程思政不仅包含思政元素明显的思想品德教育，还应包括隐性在教材中的思政元素，如教学视频中的思政元素、教材插图中的思政元素、配套视频中的思政元素等。只有兼顾真实的和立体的，才能将课程思政元素潜移默化地融入留学生课堂中，进而实现留学生课程思政的长远目标。

（三）实施原则

整体上看，留学生课程思政内容丰富多彩，汉语综合课程教学方法灵活多样，来华留学生课程思政的实施应坚持柔性原则，潜移默化、循序渐进地将思政教育融会贯通到专业教育中，在对比中发现差异，尊重差异，理解差异。

1. 潜移默化而非强行灌输

习近平总书记指出，好的思想政治工作应该像盐，但不能光吃盐，最好的方式是将盐溶解到各种食物中自然而然吸收。同样的，各类课程要结合自己特点的方式，将思政元素有机恰当地融入其中，进而达到春风化雨、润物无声的育人效果。因此，在对来华留学生进行思政教学时，更应注意教学的方式方法、教师的言谈举止，做到自然融合、春风化雨，以潜移默化的方式达到润物细无声的效果。

2. 循序渐进而非一蹴而就

课程思政是一项长期工程，在实施的过程中应分层、分级逐步进行，尤其是面向语言水平有限的来华留学生，更要注意课程思政融入的度，切不可拔苗助长、一蹴而就、一股脑地融入所有思政元素。如第5课《最好的教育中》设涉及多个思政元素，在进行授课时应结合留学生的语言水平、个体差异、兴趣爱好等分类教给留学生，而不是将该课中所有涉及思政的内容全部灌输给留学生。

3. 融会贯通而非生搬硬套

《纲要》指出，要坚持学生中心、产出导向、持续改进，不断提升学生的课程学习体验、学习效果，坚决防止"贴标签""两张皮"。因此，在课程思政的实施过程中还应注意专业教育和思政教育的融会贯通，避免思政教育生搬硬套到专业教育，出现专业教育和思政教育的"两张皮"现象。比如，对1~15课词汇和课文中思政元素进行内容、难度的分类，在分类的基础上实现各个部分、各个课文之间的自然融合。

4. 适可而止而非多多益善

课程思政涉及中国特色社会主义和中国梦教育、社会主义核心价值观教育、法治教育、劳动教育、心理健康教育、中华优秀传统文化教育等多个层面的内容。但是受留学生语言水平的限制，每节课融入的课程思政元素的数量和难易度都要控制在科学的范围内。如第14课《梦里有你》涉及"日有所思，夜有所梦；房奴，中国人的买房压力；中国人的住房观念；中国人的亲情、友情和爱情观"等多个方面的思政元素，在进行课程思政时就需要教师根据教学目标、留学生语言水平选择1~2个合适的思政点进行扩展和讲解。

结　语

来华留学生课程思政教育意义重大，担负着培养服务于人类命运共同体的国际化、复合型、高全球胜任力人才的重任，课程思政全面全员全程融入来华留学生第一课堂、第二课堂、日常生活等工作任重而道远。未来，应针对来华留学生个体特征，制定专门的留学生课程思政大纲，为留学生思政教育的开展和实施提供具体的参考。同时，加强留学生课程思政教师队伍和管理队伍的培养和培训，提高其课程思政教学和课程思政管理的能力。希望本文可以抛砖引玉，为来华留学生汉语综合课程思政的挖掘、实施和研究提供一定的参考和帮助，为来华留学生课程思政的纵深发展贡献绵薄之力。

参 考 文 献

［1］沈庶英. 来华留学课程思政：基于学科交叉的统整建构［J］. 教育研究，2021，42（6）：92-99.

［2］中华人民共和国教育部. 高等学校课程思政建设指导纲要［R］. 教高〔2020〕3号，2020.

［3］中华人民共和国教育部. 来华留学生高等教育质量规范（试行）［EB/OL］.［2022-11-23］. http://www.moe.gov.cn/srcsite/A20/moe_850/201810/t20181012_351302.html.

［4］倪海东. 国际学生教育体系的实践与思考［J］. 中国高等教育，2021（1）：36-38.

［5］李泉.《发展汉语. 中级综合（I）》［M］. 2版. 北京：北京语言大学出版社，2012.

［6］罗艺. 来华留学生汉语综合课程思政教改实践［J］. 红河学院学报，2022，20（1）：143-147.

［7］王学俭，石岩. 新时代课程思政的内涵、特点、难点及应对策略［J］. 新疆师范大学学报（哲学社会科学版），2020，41（2）：50-58.

［8］孙凡. 汉语国际教育课程思政的实践原则——基于人类命运共同体的视角［J］. 教育理论与实践，2020，40（18）：41-43.

［9］杨昱华. "课程思政"在对外汉语教学中的探索与实践［J］. 教育观察，2019，8（13）：98-100.

讲读文学经典与发展全面育人
——对《红楼梦》融入中外本科生通识教育的几点思考

刘奕男

（北京语言大学汉语国际教育学部）

摘　要　"《红楼梦》研究"为北京语言大学面向中外本科生开设的通识课程，目前作为校级"课程思政"与"精品通识课"建设项目，在遵循新时代教育立德树人根本任务、努力培养全面发展的人才等方面进行了有力尝试。笔者根据教学实践经验，对如何更好地发挥以《红楼梦》为代表的文学经典在艺术鉴赏、人文关怀、学术熏陶等方面的价值提出了一些思考，在高等教育发展的新形势下归纳为"三个结合"。

关键词　《红楼梦》；通识教育；课程思政；文化自信。

引　　言

随着国家对教育事业重视程度的不断加深，新时代高等教育的模式、形态、内容都在发生着深刻变革。以习近平同志为核心的党中央坚持把教育放在战略优势地位，对加快推进教育现代化进程提出了一系列新的理念、思想、观点。在谈到坚持党对教育工作的全面领导和坚定"四个自信"时，习近平总书记指出："文化兴国运兴，文化强民族强，中华优秀传统文化是中国和中华民族的灵魂，也是中华民族高度自觉自信的来源。"对广大教育工作者而言，自觉将中华优秀传统文化与新时代教育工作相融合，发挥中华优秀传统文化立德树人的价值，也成为适应时代发展培养全面发展的人所面临的新课题。高校作为青年教育的重阵，以立德树人为基础实现受教育者思想道德和科学文化素质的全面提升，对于整个社会的健康发展也具有重要影响。

过去五年内，笔者作为北京语言大学面向中外本科生开设的通识课程"《红楼梦》研究"的教学团队成员，以"导读者"的身份将这部文学经典与广大中外学生分享。在不断学习习近平总书记教育重要论述和对自己教学经验的不断总结反思中，笔者对如何更好地将文学经典融入本科通识教育提出了一些思考，在新时代国家教育改革和北京语言大学不断完善通识课程体系的背景下，将之总结为以下"三个结合"。

一、艺术鉴赏与课程思政的结合

党的十八大以来，习近平总书记高度重视教育的重要地位，多次强调教育要坚持把立德树人作为根本任务，培养德智体美劳全面发展的社会主义建设者和接班人。为更好地实现立德树人的目标，课程思政的概念应运而生：将各类课程与对学生的思想引领同向同行，构建"三全"育人新格局，将正确的知识、价值理念、精神追求融入各门课程，潜移默化地对学生的思想意识、行为举止产生积极影响。这既符合我国一以贯之的教育观念，也是以立德树人为基准，确保中华文化的优良传统得以不断传承的有力保障。

思想政治工作归根结底是一项关于育人的工作，重点在于解决"如何培养人"和"培养什么样的人"的问题。艺术生产作为艺术家通过创造性劳动将现实生活中的真、善、美凝聚到艺术作品中的行为，以审美性为基本特征，而文学作为艺术诸多门类中与人生最密切相关的，在培养"人"的道德品性方面具有更加明显的作用。关于文学的本质，法国哲学家、史学家和文艺理论家丹纳在《英国文学史》中首次提出"文学即人学（Literature，It is the study of man）"的观念，苏联作家高尔基也将文学称作"人的学问"，在他们的观点中，文学直接作用于人的内心活动和精神世界，究极意义体现在对"人"的存在和价值的思考。我国文艺理论家钱谷融指出："文学必须以人为中心，这是理解一切文学问题的一把总钥匙。"文学评论家周作人则以个人主义为中心深化了"人学"理论，既看到人出于生存需要的"本能习性"，也看到人对复杂高深的精神生活（即灵性或神性）的需求——周作人的"人学"理论彰显着尊重生命个性发展的意识，对中国 20 世纪现代文学精神的提出也作出了重要贡献。

相比其他创作形式，艺术创作的功利色彩和实用性较弱，但对于陶冶情操、丰富人的审美体验而言有着不可替代的作用。文学作为以独特的艺术规律、审美特征来反映社会生活与表达作者思想情感的艺术形式，是一种以语言为媒介的艺术行为，和艺术其他门类的本质属性相同，文学作品也正是通过语言艺术将美呈现给欣赏者，带给他们一种艺术化的熏陶。美学家朱光潜在谈到艺术美与人生艺术化的问题时指出：现实与艺术辩证关系的一个方面在于人生本来就是一种广义的艺术，离开艺术便无所谓人生，创造与欣赏都是艺术的活动。人作为艺术生活中的主体，追求审美意识高度自觉，在情趣中体验艺术化的人生。因此，通过文学经典的阅读，走进一种诗意的、艺术化的思想和生活方式，这符合文学作为艺术形式的本质属性和追求。

国学大师王国维 1906 年发表《论教育之宗旨》，将美育作为发展人"精神之能力"的一部分，着重美育对人精神和情感产生的良好的熏陶功能；著名教育家蔡元培也高擎美育大旗，认为美育"以陶养感情为目的"。2017 年 10 月，习近平总书记在十九大报告中指出，"中国特色社会主义进入新时代，我国社会主要矛盾已经转化为人民日益增长的美好生活需要和不平衡不充分的发展之间的矛盾"，并提到"要推动人的全面发展和社会全面进步"。教育部体育卫生与艺术教育司王登峰司长在谈到这一点时也指出："无论是从个人全面素质的提高，还是从整个国家和民族的文化繁荣和自信，美育都起到非常重要的基础性作用。"在新时代全面育人理念已成为教育基本方针的背景下，美育已成为一块不可或缺的"软板"，在很大程度上决定着个人乃至整个社会健康全面发展的程度。

目前，已有越来越多的教育者关注到文学作品对人的价值，因而以《红楼梦》为代表的中华文学经典已被越来越多的高校纳入本科通识教育体系中。在北京语言大学通识课程六大模块中，"《红楼梦》研究"属于"文史经典与人文素养"模块，该模块旨在通过让学生阅读古今中外的文史经典置身于中外时空中，获取对国家、历史和社会的理解，汲取人生智慧和批判能力。在过去五年的教学和课程建设中，教学团队不断挖掘《红楼梦》作为育人载体的价值，一方面以分析作品中人物形象、讲读文本中精彩情节等方式，尽可能让学生切近《红楼梦》中人物的思想、情感、认识；另一方面结合青年学生思想活跃、感情丰富的特点，以动之以情、寓理于情的方式激发学生强烈的情感共鸣。相比传统的导读式课程，审美式教学的优势正在于通过真、善、美的感染和熏陶使受教育者领悟博大深厚的人文精神，在普及艺术知识和健全学生审美心理结构的效果上实现了巨大提升。

从另一个角度看，《红楼梦》作为记录中国封建社会文化的百科全书，在史学、哲学、社会学、心理学、中医药学等方面同样具有持久深远的价值，俱体现着中华传统文化的积淀，其影响跨越民族和国界，吸引着来自不同文化背景读者的关注。新形势下教育对中华传统文化的重视提升到了一个全新的高度，正如习近平总书记在谈到坚定扎根中国大地办教育时指出，优秀传统文化是一个国家、一个民族传承和发展的根本，明确了大力弘扬中华民族优秀传统文化与增强文化自信之间的联系。《红楼梦》作为一部优秀的文化作品，为当代读者开启了饱览中华传统文化的视窗，对中华民族积淀和传承文化自信同样扮演着重要角色。从这一点看，将《红楼梦》请上大学课堂与广大青年学生分享，对传承中华优秀传统文化与提升文化自信同样具有重要意义。

总之，在"大思政"教育理念的背景下，高校以文学经典为依托开展对新时代青年学生的科学文化与思想政治教育，在传授知识之余发挥好文学经典作为育人载体的价值，是对"以美化人、以美育人"美育精神的发挥，也是实现受教育者道德与审美素养"双提升"的绝佳途径。

二、文本导读与文化介绍的结合

从文学研究的角度看，文本阅读是一切研究的基础和根本方法。因而，在讲读文学经典的过程中，笔者有意注重培养学生细读文本的习惯，体现在《红楼梦》研究通识课教学中，主要包括以下两点：

一是注重对人物的分析介绍。美国文学评论家利昂·塞米利安提出人物是小说的"原动力"的观念，认为小说和诗歌、散文等体裁不同，塑造什么样的人物很大程度上决定着一部小说能达到的艺术高度。《红楼梦》描写了四百余个人物形象，这些生命个体和群体作为作者极力理解和剖析人性的产物，体现了对旧式写人窠臼的打破，正如清代评论家王希廉指出的"方正阴邪，贞淫顽善，节烈豪侠，刚强懦弱……色色俱有"，共同构成了这部文学经典的人物群像。

二是注重对情节的分析讲读。情节作为小说的骨架，是叙事中巨细皆精事件的联合。《红楼梦》继承发展了前代小说的传统，将宝黛钗的爱情和婚姻悲剧与贾家兴衰的叙事主线穿插，创造了一个宏大、交错的情节结构，使得众多人物活动于同一时空，实现了"人甚多，事甚杂，以家常之说话，抒各种之性情"的叙事网格，同样体现着作者精妙的笔法。

试举笔者在教学过程中讲读人物和情节的几个案例：

《红楼梦》第一回作为全书的缩影，是理解《红楼梦》艺术意蕴的纲领。该回讲述了两段神话：一是无材补天的巨石经僧道点拨入世，二是神瑛侍者与绛珠仙草的前世姻缘，这两段神话均为理解《红楼梦》情节的基础。由于《红楼梦》不同版本之间存在的差异——如程本将巨石入世的神话进行了删减，致使巨石入世的动机和僧道二仙对巨石的点拨功能被淡化，很多读者对这段情节的认识不够全面，因而在课堂导读中，笔者选择脂本作参考，注重对第一回巨石入世来龙去脉的介绍，以厘清巨石、通灵宝玉、贾宝玉三者的关系。再如，作者在第一回以甄家衰败、士隐落魄出世的一段"小荣枯"故事，为后文贾家落败和宝玉"悬崖撒手"的一段"大荣枯"故事做铺垫，牵连出士隐和雨村两位在《红楼梦》中具有重要叙事功能、对全书"真""假"题旨起到穿引和暗示作用的人物，如何理解这两个人物人生观和在面对人事跌宕变迁时的选择对理解《红楼梦》作者的世界观和人生哲学同样起着重要作用。

情节阅读与人物分析往往是相辅相成的。从文学理论角度看，"人物是情节发展的决定者，情节则是人物性格发展的历史"，因而，在《红楼梦》文本导读的过程中，情节分析与人物分析往往会同时进行。例如第三十回"宝钗借扇机带双敲，龄官画蔷痴及局外"一回，作者通过讲述端午节前日午后至晚间发生的一系列事件，对宝玉人格的多个层面进行了刻画——宝玉对待爱情的矢志不渝、应对人际关系寻求平衡的心理预期、对待世间万物"情不情"的精神、对待丫鬟的纨绔子弟作风，这些层面在时空变换中均得到了细致的刻画。其中，宝玉人格的最高层面"情不情"精神又引向《红楼梦》的生命关怀意识——曹雪芹在《红楼梦》末回有"情榜"的艺术设计，其中宝玉和黛玉的考语分别为"情不情"与"情情"。作为曹雪芹笔下最具有诗性人格的两个人物，宝黛二人集中体现着作者对人类生存境遇的反思。正如当代研究者指出："'情不情'与'情情'两个考语反映出对世间所有有情与无情之物，俱有一种痴情去体贴，这是《红楼梦》有关伦理文明与生态文明的一种独特表达。"在宝黛的审美意识中，自然界所有的生灵都是值得怜爱与尊重的，他们对万物生灵存有的休戚相关的认同体现了审美的创造意义，这又与当代重视人与自然的良性关系、呼吁审美等理念产生了跨时代的呼应。

从教学效果看，侧重人物分析与情节阅读的教学方式能在一定程度上帮助学生培养细读文本和认真思考的习惯，从而形成对《红楼梦》的新理解新认识。例如，2021 年秋季学期，一名来自越南的本科生修读本课程，并选择了王熙凤作为期末论文的主题，结合文本对这一人物的描写，从她的语言能力、理家才干、个性特点等方面进行分析，以古鉴今归纳出王熙凤在现代社会立足的要领——既要让行的人说你行，也要自己真的很行，可谓一种突破了时代和文化背景的差异解读中国古典名著的新视角。

囿于课堂规模、时间以及学生对课程的实际兴趣和需求，以导读的形式通篇串讲《红楼梦》往往难以实现，因而本课也开设一定比例的文化专题介绍，如每个学期都会纳入授课大纲的对曹雪芹家族史的介绍，梳理曹家从军功世家到官宦家族的过渡、与康熙帝的感情经历、在朝代更替中几起几落的变迁等。通过了解曹家的背景和曹雪芹幼年和中青年的经历，学生可以更好地了解《红楼梦》的创作背景和《红楼梦》作为一部具有自传性小说的艺术价值。再如文化专题中包含的对满洲八旗文化和清代习俗的介绍、对传统节日的描写等，俱是对课堂文化背景的一种丰富。

从整体上看，在注重分析人物和讲读情节的基础上，加入对这部文学经典的创作背景和写作技巧的介绍，这种搭配既回归了对《红楼梦》文本的重视，也顾及了《红楼梦》作为一部包罗中国封建社会万象的百科全书在文化上的广博和兼容性，同样是对传播《红楼梦》作为文学经典与文化经典的双重魅力的兼顾。

三、学术理论与阅读意趣的结合

通识课的课程属性决定着课堂参与者往往跨越不同学院、年级和专业，对文本的熟悉程度不同，对于课堂的需求也是千差万别的。关于该如何将以《红楼梦》为代表的文学经典与通识课相融合这个问题，目前并未存在一种通行的标准，相关课程的讲授者往往选择自己擅长的研究领域或适合的教学方式进行。在笔者的实际调查中，对《红楼梦》抱有一定兴趣的青年学生占比很高，但其中也有为数不少的学生表示这部作品"人物太多""基调悲伤"，导致"读不下去""不喜欢读""不知道怎么读"，遑论来华留学生可能遭遇的语言文字、文化差异等带来的更多更大的阅读障碍。笔者通过总结过去几年间的教学经验，在讲授时有意调动学生的主动性，尽可能发掘这个年龄阶段学生共性的兴趣点和必然面对的人生问题，通过与教学内容的有机融合，将红学研究作为一个学术研究分支的严肃性与《红楼梦》作为一部雅俗共赏小说作品的赏读价值相结合，使文学经典走进学生的实际生活和兴趣中。

从学术严肃性上看，红学作为中国三大显学之一，在五四运动前后，通过王国维、胡适、俞平伯等人引进西方现代学术范式，开始作为一门严肃的学问正式步入学术之林。在百年红学的研究历程中，对这部经典的研究视角已跨越多个学科，红学研究业已在一代代学者的锤炼中形成了科学的研究范式。从 2020 年春季学期起，随着学校通识课体系的改革调整，"《红楼梦》研究"教学团队优化专题教学的结构和内容，进一步增强这门课程的学术严肃性和理论深度，注重将教学团队的科研成果及时转化为教学内容，从而更好地落实《教育部关于深化本科教育教学改革全面提高人才培养质量的意见》中关于"推动科研反哺教学"的要求。例如，"《红楼梦》的版本"教学专题通过对《红楼梦》版本源流、版本研究的意义与相关问题的介绍，让学生体会严谨的专业研究态度；"复调性小说与钗黛形象比较"教学专题将研究视角聚焦钗黛二人，从人物自身的诉求、他者的立场、隐含作者的态度几个方面对作品中典型的道德型人格与情感型人格进行对比分析，引导学生思考情与理之间对立与互补的深层关系；再如，"黛之影与《红楼梦》人物塑造"教学专题力避因袭旧说、照本宣科的弱点，对读者所熟知的文本现象进行新颖的、具有原创性的学术阐释，通过作品中晴雯、龄官、尤三姐三位"黛之影"的人物特质、体现的对宝玉的影响、对黛玉命运结局的隐喻作用等方面引导学生从不同的角度欣赏作品，提高学生对文学作品的鉴赏力，通过激发学生阅读文学经典的好奇和热情实现知识传授与价值引领相统一。

从另一个角度看，作为家喻户晓的文学作品，《红楼梦》的价值不仅体现在学术研究上，也具有作为一部小说的丰富的可读性和趣味性。从中国美学历程看，小说体裁的美学特征之一在于以趣为美，是与雅文学"载道""言情"相对的一种追求。从文体源流角度来看，小说植根于生活，又带有着"街谈巷语、道听途说"的特征。

在实际教学中，笔者注重将"红学研究"的学术严肃性与"红楼欣赏"的乐趣相结合，营造经典导读"宽严相济"的课堂氛围。举例而言，在介绍与分析林黛玉这一人物形象时，笔者会提醒学生留意黛玉生于二月十二花朝日的文本细节，将之与赏析黛玉的诗人气质、葬花行为相结合。在讲读之余，笔者也会启发学生思考一个问题——假如黛玉也像许多当代青年一样对"星象学"感兴趣，她符不符合所属星座的特质呢？通过对中国古代历法的介绍，学生自然能够推导出黛玉应生在三月初至四月初之间，大概率会是一个双鱼座的女孩，而她温和细腻、多愁善感、富于幻想等特质恰与双鱼座的特点相符。通过对文学人物进行"当代化"分析，学生也在一定程度上加深了对该人物核心特质的认识和理解。

再如，课程也会重点分析晴雯这一人物形象。在带领学生认识晴雯的美丽、灵巧、自傲、个性中觉醒的现代意识等一系列优点后，笔者会启发学生思考为何这位被作者如此重视的人物会成为抄检大观园事件首当其冲的受害者？通过总结人物特征，学生自然得出这一问题的根源在于晴雯有着难以"推己及人"的个性觉醒和与实际身份不对等的自我认知。在感叹有价值的东西被毁灭的悲剧意蕴的同时，笔者也会引导学生树立自省意识，引晴雯悲剧以为戒，力避在现实人际交往和职场中的"深坑"。

考虑到课程面对群体的多元文化背景，笔者在教学过程中也会援引西方经典理论与教学内容互证。例如，在讲解《红楼梦》叙事的另一条主线——宝黛爱情的发展脉络时，笔者借用美国心理学家斯滕伯格"爱情三要素"理论。通过理论分析，学生能够更好地理解宝黛之所以能成为一对情投意合、心灵相通的恋人，除去"木石前盟"的命中注定外，也与二人两小无猜、耳鬓厮磨的情感基础和一起心游天外、嘲笑世俗的人生追求相关。通过爱情多个维度的对比，学生也可以更好地理解宝玉和黛玉之外的女性（如宝钗）为何只能拥有"不完美"的爱情。在"空对着，山中高士晶莹雪；终不忘，世外仙姝寂寞林"的对比中，学生也能够对爱情这一人生课题进行较为理性与客观的思索。

小　结

《红楼梦》作为秀出中国文学丛林的经典，在课堂有限的时间内对它的介绍不过是管窥蠡测，但笔者始终认为：将《红楼梦》作为带领学生领略中华文学经典与优秀传统文化的视窗是一番非常美好的体验。正如习近平总书记在学校思想政治理论课教师座谈会上指出：教师要发挥积极性、主动性、创造性，引导学生扣好第一粒扣子，给学生心灵埋下真善美的种子。在新时代坚持扎根于中国大地办教育，越来越重视文化自信的背景下，对文学经典的重视无异于将文化的重要性推至一个新的高度。通过阅读欣赏这部文学经典，广大学生能够感受中国文学与文化的魅力，并为传承和弘扬中华优秀传统文化作出贡献。"《红楼梦》研究"教学团队将继续发挥精益求精的教学和育人理念，将以《红楼梦》为代表的中国文学经典和优秀传统文化作为陶养精神和性情的良种，努力培植真、善、美的果实，为新时代青年学生的健康成长提供力量源泉。

参 考 文 献

[1] 本书编写组. 习近平总书记教育重要论述讲义 [M]. 北京：高等教育出版社，2020.

[2] 本书编写组. 美学原理 [M]. 北京：高等教育出版社，2018.

[3] 本书编写组. 中国美学史 [M]. 北京：高等教育出版社，2018.

[4] 钱谷融. 钱谷融论文学 [M]. 上海：华东师范大学出版社，2008.

[5] 彭吉象. 艺术学概论 [M]. 北京：北京大学出版社，2006.

[6] 童庆炳. 文学理论教程 [M]. 北京：高等教育出版社，2004.

[7] 冯其庸. 重校八家评批红楼梦 [M]. 南昌：江西教育出版社，2000.

来华留学生思政教育艺术载体教学研究
——以音乐为例

吕昕颖[①]

（北京语言大学汉语学院）

摘　要　将"以美育人"理念融入来华留学生思政教育，有助于提升思政教育的亲和性和实效性。古圣先贤制礼乐意在促进人文和谐，以古为今用的视角，吸收以艺术为载体的中国传统德育为教学方式，可以满足来华留学生对美好中国的向往，帮助他们充分了解中华民族的优秀文化，进而形成正确的世界观、人生观、价值观，成为新时代"知华、友华"高层次的国际中文人才。

关键词　思政教育；来华留学生；艺术载体。

引　言

开展来华留学生的思想教育，帮助他们客观准确地认识新时代下真实、立体的中国，既是对习近平总书记 2022 年 6 月给北京大学留学生们回信精神的深入贯彻落实，也是培养具有崇高理想、为实现人类命运共同体理念而拼搏的国际人才的本质要求。冯海丹指出，对来华留学生进行思政教育需要国际中文教师重组课堂教学，不仅要传授知识，亦要对留学生进行合理的思想引导，结合艺术载体在教学中潜移默化融入思政元素，实现课堂育人及立德树人。

一、艺术载体教学的原理分析

伴随外来文化与网络音乐文化的强烈冲击，厚重深远的中华传统文化及思想观念面临挑战。中华文化源远流长，其人文精神内涵的丰富性与教育理念的创新性符合新时代需求，具备源源不断的感染力和创造力。沈庶英提出，加强来华留学课程思政，讲好中国故

---

① 本文系《习近平谈治国理政》多语种版本国际学生"三进"建设项目"来华留学生汉语言专业三进建设的创新与实践"的成果之一，项目编号为 GSJG202201。

事，传播好中国声音，实现知识教育与价值引导的双重目标和指数效益，是培养人类命运共同体的建设者、文明交流互鉴的推动者和具有全球竞争力的高素质、国际化人才的重要途径，也是加强中国在世界话语体系地位的重要举措。根据新时代的特点，取其精华，去其糟粕，从古圣先贤制礼乐中提取具有教化含义的理念和作品，选择适用于当前国家倡导的教育理念和思想理念，加以升级、完善、创新，以留学生为本，通过音乐提升留学生的思想内涵和综合素养。陶行知先生曾说："知的教育必须同时引起学生的社会兴趣与行动的意志力方能达到目标，道德情感的体验与道德行为的实践是人的个性特定品质生成的重要机制。"中华传统文化中"修齐治平"的理念是由个体到共同体的基本逻辑构建，传统德育艺术载体教学有助于帮助来华留学生接纳中国智慧，提升个人道德素养，在音乐或美术中汲取知识，实现"以美育人"。

（一）音乐载体是以美化人的代表性艺术形式

从古至今，音乐在中国具有不可替代的重要作用，且与国家治理有重要关系。礼乐文明是中华文化的组成部分，德育艺术载体在传统道德教育中主要体现为"乐教"，朝代的更迭抑或是政权的兴衰皆伴随制礼乐之过程，意在通过"德"与"乐"相辅相成，实现移风易俗之作用，在音乐的洗涤下，和谐社会发展。

2018年，习近平总书记在给中央美术学院八位老教授的回信中提出："做好美育工作，要坚持立德树人，扎根时代生活，遵循美育特点，弘扬中华美育精神，让祖国青年一代身心都健康成长。"中国已成为世界第二大经济体，若想满足人民日益增长的美好生活需求，需重视精神文明建设的作用。艺术载体的效用是语言文字无法比拟的，音乐等传统德育艺术载体中蕴含着"仁、爱、诚、信"等中华民族传统价值观，当今对来华留学生的思政教育艺术载体也同样承载中华民族悠久的文化，借此提升中华文化对留学生的吸引力、感召力、动员力。中华美育精神根植于历史，着眼于未来，是对从古至今艺术实践精神的升华。

（二）音乐具有社会教化作用

十九大报告指出：我国社会主要矛盾已经转化为人民日益增长的美好生活需要同不平衡不充分的发展之间的矛盾、人民的精神文化需求呈现出个性化、多样化、国际化等特点。随着全球化的快速发展，资本主义文化思潮积极宣传"无党性""艺术自由"等超阶级的创作思想，艺术作品无时无刻不在影响着青年一代，使新时代来华留学生思政教育工作面临挑战。中华民族的政治共同理念是以国家利益与人民利益的统一性为起始点，音乐是中国礼乐文化中具有典范性的艺术形式之一，无论是在祭祀抑或是祈求神灵护佑民众时，都会使用多种乐器合奏，美好的音乐会使具有共同信仰的民众更加团结一致。在礼乐文明中"德"占据着核心地位，"德音谓之乐"，儒家思想认为礼乐的作用具有促进人文和谐，进而实现人与世间万物的和谐统一，这与国家治理者的关系甚密。领导者通过经济和政治方面进行社会管理，也通过艺术载体影响了中华文明。礼乐教化的目的为"导欲"，以实现理性与感性的和谐，礼乐是修身养性的渠道。

（三）音乐是以美化人的重要形式

中国传统思想文化教育通过音乐融入日常生活之中，在中国古代的贵族教育体系中，"乐教"也为最初祭祀需学习的内容之一，中华传统文化认为道德与教育是相辅相成的，要重视艺术的教化作用。思政教育的艺术载体类似于我国古代的乐教，礼记中提到"礼乐皆得，谓之有德"。在传统教学体系中礼教与乐教是伴随性的，帮助民众实现精神层面的满足，进而促进社会发展，提升个人成长。

从教育方式的层面来说，思政教育的艺术载体较类似于古代的乐教，在传统的教育体系中，礼教和乐教相辅相成，在礼乐中逐渐帮助民众实现精神面貌的改变，在全社会范围内实现良风美俗，利于社会的发展和个人的成长。

二、传统艺术载体的创新性发展和创造性转化

新时代文化具有培根铸魂、立德树人的重要作用，文化育人在来华留学生思政教育培育中发挥着不可忽视的作用。在对来华留学生进行思政教育时，可以吸收中华传统文化中的智慧，进行转化与创新，以美育人。

（一）以日常生活的艺术化进行来华留学生思政教育

《论语》中提到要注重教师与学生之间的互动性，能将德育生活化、艺术化，在现实中起到了较好的教育效果。《中庸》中提到要将高深的道理蕴藏于易于感知的日常生活中，使来华留学生在无意之间或娱乐中，自然而然地实现道德修养的提升。例如书法艺术，要求学生在研习时做到横平竖直、方方正正、中锋用笔；在传统节日时讲述中华文化中对古圣先贤的尊重之情；在"射箭"游戏中，告知学生此游戏来源于乡射礼，然后进行文化的延展性教学。

不论是在日常生活还是教学中，国际中文教师要在课堂中进行创造性教学，形成"日常化思政"，提升思政教育的亲和力和日常性。

（二）提升新时代来华留学生思政教育的实效性

习近平总书记曾指出，思政教育需坚持以学生为中心的核心理念，围绕全体学生开展。面对不远千里来到中国的来华留学生，我们要将所提倡的价值观与留学生日常生活紧密结合，形成利于培养留学生的氛围和环境。中华传统文化融入来华留学生思政教育，可以起到较为理想的"以美化人"的教育效果，做到"以器载道"。在面对留学生进行思政教育之时，将其理念蕴藏在普罗万物中，包含在具体可感知的艺术形式或载体之中，以趣味性的艺术活动融入现实的日常生活中，引导留学生了解中国文化的内涵，让留学生通过

体悟与感触发现思政教育与日常生活密切相关。

三、新时代来华留学生思政教育艺术载体教学的方向

（一）顺应时代

在运用艺术载体对来华留学生进行思政教育的过程中，要避免出现沉迷于过往的艺术创造而脱离时代的问题，而是要结合课程方向，结合留学生的现实需要，帮助留学生解决现实生活中的难题。中国文化理想的状态是一种"万物繁茂，喜获丰收，举国安泰，社会昌明"的美好情境。通过艺术载体帮助留学生发自内心地因为爱惜植物而保护自然环境，而不是来源于恐惧而被迫保护自然，如此来培养留学生对大自然的敬畏之情。

国际中文教师可以在课程中以课程目标为前提，以多种形式运用艺术载体，激发留学生学习的主动性，增强与留学生的沟通交流，提升思政教育教学的亲和性与实效性。由于课堂时间有限，教师要帮助留学生培养自觉、自律、自信的良好习惯。

（二）尊重引导

我国大多数高校在思政教育工作中初见成效，但针对留学生思政教育及其管理模式仍较为单一，其原因在于针对留学生思政教育方面的制度建设不够完善。大多数高校对留学生思政教育管理方面使用的方法为国家颁布的规章制度和管理办法，教师并未结合留学生的实际情况制定细致的、具有特色的思想教育管理制度。目前大部分教师仍采用灌输式的理论进行教学，虽有专职辅导员或负责留学生思政教育工作的教师，通过谈心等方式做其思想教育工作，但此种情况大多针对某些思想方面出现问题的留学生。针对具有多元化背景的留学生而言，并不具有个性化的需求解决方案，甚至大部分留学生认为中国式教育即是"填鸭式"教育。面对上述情况，各高校可针对留学生群体的具体情况，以艺术为载体进行思政教育，尊重留学生的主观感受，克服主观臆断与形式主义。这一原则体现在艺术载体的呈现形式上，简单来说，只有"有人情味""贴近生活""接地气"的作品才能真正引起留学生的共情。

（三）多元融合

伴随着中国社会的迅速发展，中华优秀文化和大国智慧已成为推动当代中国经济与社会发展不可或缺的精神动力。习近平总书记指出，中华优秀传统文化、革命文化与社会主义先进文化凝结着中华民族最深层的精神追求，要高度重视文化的育人功能。进入新时代以来，许多表现中华文化多元性特征的艺术作品不断涌现，例如《复兴之路》大型音乐舞蹈史诗，北京冬夏奥运会开幕式等重大文艺汇演，这些作品展现了中国气派、时代风貌，受到国内观众和世界观众的欢迎。

2022北京冬奥会开幕式立足2008夏季奥运会开幕式，创新展现根植于深厚文化根基中

的中国新时代风采，让世人看到中国之文化自信。开幕式运用以二十四为起点的独特倒计时作为全新经典之作，开幕视频融入二十四节气传统文化元素和相关诗句，中国大地的秀美风情和奥运健儿奋斗的身影，最后定格于奥运开幕之日——"立春"，彰显中国人新时期世界观由"我"变为"我们"的世界观和博大胸怀。在开幕式上，最重要的一点就是要让观众感受到开幕式的氛围。"冰立方"作为冬奥会的另一种形式，以其独特的魅力吸引着人们的眼球。90 年代初，作为引导牌的奥运火炬"大雪花"和"致敬人民"的口号，以及由众多群众演员组成的队伍；用"五环六射"象征奥林匹克精神，用"四海为家"体现中华民族的伟大复兴梦想，"鸟巢"寓意着中华民族的团结统一以及自强不息。在奥林匹克精神下，中国人以自己独特的方式诠释着奥林匹克精神，并通过多种途径传播奥运理念。在开幕式上，多名北京语言大学的来华留学生在现场观看了开幕式，在接受采访时，他们惊叹中国科技之伟大，感叹北京冬奥会开幕式展现的"中国式"浪漫与创新。

发挥优秀艺术作品的感染力，以高雅的艺术作品引领留学生涵养性情，达到"不教而自化"的效果，以融入日常生活的艺术活动为教学方式之一，帮助留学生在中国学习和生活过程中形成良好品质。以艺术的形式进行思政教育，利用具有教育意义的艺术作品调动留学生的多重感官，约束他们的行为，达到知行合一的效果，以此发挥教育真正的作用。

四、新时代来华留学生思政教育艺术载体教学的困境

随着国际中文教学发展，越来越多留学生对中华文化及中国智慧产生兴趣，但目前只有极少的国际中文教师运用艺术载体进行思政教育，运用艺术载体对留学生进行思政教育还存在诸多困境。

（一）艺术载体的传播可能出现泛娱乐化倾向

娱乐是人们的正常需求，提到娱乐人就会自然而然地有轻松的感觉。然而，随着媒介技术的发展和受众审美趣味的转变，"泛娱乐"现象也悄然而生并逐渐蔓延开来。相对娱乐而言，"泛娱乐"的目的在于强调过度拓展娱乐范围。资本主义社会中教育沦为培养符合经济发展需要的"工具人"，而非根据个人需要的真正的人才，从而造成人的异化，艺术退化为纯粹的娱乐工具和某些流传甚广的艺术缩略图，作品则呈现"泛娱乐化"的趋势。傅辰晨、郑敬斌指出，在新媒体浪潮的推动下，网络"泛娱乐化"发展态势致使许多内容严肃的信息成为娱乐附属物。"泛娱乐化"的弥散不仅有歪曲现实、扭曲信息的倾向，还有可能导致主流意识形态的安全风险。艺术应是为更好的生活而服务，但现如今人却沦为艺术和娱乐的奴隶，这种缺乏正向价值导向的艺术作品无法提供除娱乐性外的其他价值，会造成对欣赏者的精神污染，目前许多音乐皆包含着暴力、危险等元素。

（二）留学生对中国传统文化艺术认可度欠缺

随着世界文化的融合发展，留学生面对传统文化，更愿意追求新鲜事物。世界文化的

创新发展不断冲击传统艺术的传承，许多留学生会认为传统艺术过于陈旧老套。我国封建传统社会持续两千多年，传统文化中由于时间久远而形成的糟粕问题不可避免，所以面对传统文化要"去其糟粕，取其精华"。创新是时代发展的必然性结果，但是在资本力量的驱使下，许多艺术创作者盲目求"新"，许多怪诞艺术、矛盾艺术甚至丑陋成为趋势，但是这种脱离真实和切实需求的艺术作品不仅不能称为艺术，滋润大众的心灵，甚至会起到相反的作用。

当今许多艺术作品脱离群众、脱离实际，无法满足大众审美和内心需求，留学生群体面对此类作品可能会产生抵触情绪。以往的思政课教学模式多局限于课堂中的理论宣讲，不符合美的规律，也与留学生思政教育的初衷背离。国际中文教师在选择艺术载体进行教学时要符合留学生的审美规律，结合留学生实际，不可一味求新求变。目前许多国际中文教师在课堂中采用过度的表演，缺失了对留学生认知规律的尊重，很难让留学生理解真正的文化，应该让艺术的润化作用真正成为留学生心中不可或缺的一部分，帮助其提升自身素养。

（三）艺术载体作为教学辅助手段时感染力不足

新时期思政教育要遵循"以美育人"规律，处理好教育内容与教育形式之间的关系，否则难以取得思政教育的理想成效，阻碍立德树人这一根本使命的实现。思政教育的艺术载体，贵在以真实感人。白洁认为，在明确留学生需求的前提下，要"坚持供给侧改革，与时俱进地创造丰富、多样、生动、理性的内容，不断增强对学生的吸引力和感染力"。用美的思想开展政治教育工作时，不仅要承认教育工作本身的复杂性质，还要善于发现教育规律。但在许多有关艺术作品中也的确存在着以上问题，思政教育艺术载体应避免直抒胸臆、盲目夸大而造成失真现象。

相关艺术创作者是社会范围隐性思政教育的传播者，应敢于承担起社会责任，做到"真学、真懂、真信、真用"，将其内化于现实核心思想之中，做到艺术实践上合乎逻辑，乐于苦心孤诣，用"匠心"去生产才有可能创造出人民大众所喜爱的文艺作品来，而不是为了"煽情"去"煽情"。

教师话语表达要在坚持话语表达学理性的基础上，提升话语表达的亲和感与感染性，用留学生听得进去且愿意听的方式讲清思政教育的原理和逻辑，善于运用贴近留学生生活的短视频和公众号等具象化表达方式。匡和平认为，"视觉文化有着其他文化无可比拟的优势，在于其包涵思想和情感的林林总总的图像可以明快地得到机智而有效表达。抽象的内容经由视觉图像具象出来，使学生在愉快中接受和认同。"在课内外教学过程中如果能不失时机、恰到好处运用语言的艺术，就能提升教学的感染性，进而缩小师生距离，拉近师生情感。

结　语

对来华留学生进行思政教育要通过多种方式和渠道，做到寓教于乐、潜移默化，通过启迪起到良好的教化作用。音乐美育所涵盖的多重功能属性，具有引领思想的重要作用，在留学生教育中，通过留学生喜闻乐见的方式，潜移默化地提升其审美标准和审美理想，进而达到稳定的隐性思政教育功能。

参 考 文 献

[1] 冯海丹. 高校来华留学生当代中国话题"课程思政"建设研究——以教学大纲修订为例 [J]. 中国多媒体与网络教学学报（上旬刊），2021（3）：70-72+93.

[2] 沈庶英. 来华留学课程思政：基于学科交叉的统整建构 [J]. 教育研究，2021，42（6）：92-99.

[3] 习近平. 做好美育工作弘扬中华美育精神让祖国青年一代身心都健康成长 [N]. 人民日报，2018-08-31（1）.

[4] 傅辰晨，郑敬斌. 网络信息"泛娱乐化"的风险及治理——基于葛兰西文化领导权理论的阐释 [J]. 理论学刊，2022（4）：72-79.

[5] 白洁. 全媒体时代思想政治理论课教学理念的守正创新 [J]. 思想教育研究，2020（4）：125-129.

[6] 匡和平. 视觉文化背景下的高校思想政治理论课"具象化"教学原则 [J]. 现代教育科学，2018（7）：50-53+75.